GONG GONG ZHI LI SHI YU XIA

DI FANG ZHENG FU GAO XIAO ZHI NENG ZHUAN BIAN YAN JIU

公共治理视域下
地方政府高校职能转变研究

宋一民/著

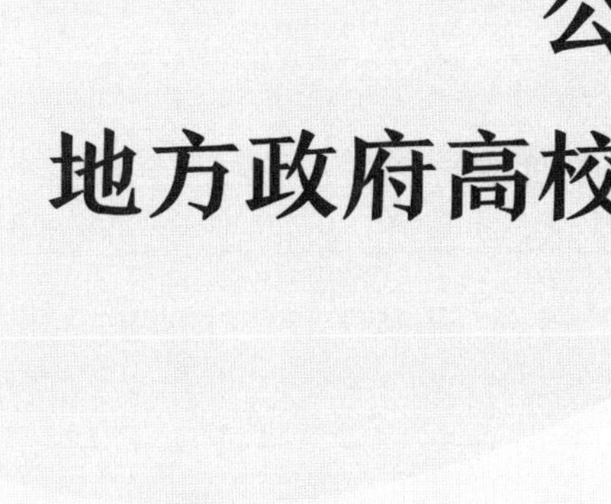

天津社会科学院出版社

图书在版编目（CIP）数据

公共治理视域下地方政府高校职能转变研究 / 宋一民著. -- 天津 : 天津社会科学院出版社, 2022.8
ISBN 978-7-5563-0857-6

Ⅰ. ①公… Ⅱ. ①宋… Ⅲ. ①地方政府—关系—地方高校—教育职能—职能转变—研究—天津 Ⅳ. ① D625.21②G648.4

中国版本图书馆 CIP 数据核字(2022)第 180768 号

公共治理视域下地方政府高校职能转变研究
GONGGONG ZHILI SHIYU XIA DIFANG ZHENGFU GAOXIAO ZHINENG ZHUANBIAN YANJIU

选题策划：韩 鹏
责任编辑：王 丽
装帧设计：高馨月
出版发行：天津社会科学院出版社
地 址：天津市南开区迎水道 7 号
邮 编：300191
电 话：（022）23360165
印 刷：高教社（天津）印务有限公司
开 本：787×1092 1/16
印 张：11.25
字 数：176 千字
版 次：2022 年 8 月第 1 版 2022 年 8 月第 1 次印刷
定 价：78.00 元

目 录

绪 论

自1985年《中共中央关于教育体制改革的决定》中首次提及“转变政府教育职能”，到2010年《国家中长期教育改革和发展规划纲要(2010—2020)》进一步明确今后教育管理体制改革的重点，再到中共十八届三中全会《中共中央关于全面深化改革若干重大问题的决定》(简称《决定》)“深入推进管办评分离，扩大省级政府教育统筹权和学校办学自主权，完善学校内部治理结构”以及党的十八届四中全会又对深入推进依法行政、加快建设法治政府作出了一系列制度安排，可以说从国家战略高度对转变政府教育职能都提出了期望和要求，这将是我们当前和今后工作的指南针和奋斗目标。

面对教育领域内的公平和质量问题，计划经济时期形成的高度集中的教育管理体制，即政府独揽和包办教育的治理方式，已经显得陈旧落后，已不适应教育发展的趋势。面对多元利益主体不断涌现和多元教育需求不断高涨的今天，政府再只凭借行政命令和管理审批的手段来解决教育问题的方法已经收效甚微，治理时代的到来亟须政府转变教育职能，构建教育治理新格局。近些年来，全国多个省市已相继启动政府教育职能转变项目，如江苏无锡实行“管办分离”、上海浦东新区建立教育“管办评分离并联动机制”、成都青羊区创建新型政校关系、浙江杭州上城区实行“管办助评”等，这些无不体现了政府在教育职能转变上的探索与实践。

教育是政府公共管理中涉及千家万户利益和诉求的公共事务，其改革本身就极为复杂，市场规律与教育规律、发展不平衡与教育公平原则以及教育和经济、社会、人口等领域关系之间的复杂性，都决定了政府所负有的教育管理责任和履职方式必须转变，即政府要按社会发展的要求调整自己的角色，从大包大揽的单向管理向政府、社会与公众等多元主体共同治理转变，重组与社会、学校的权力关系，形成政府依法管理、学校依法自主办学、社会广泛参与的格局；形成政事分开、权责明确、统筹协调、规范有序的教育管理体制，这是历史与现实的共同期望，也是教育管理体制改革的难点和无法回避的关键问题，更是加快推进教育治理体系和治理能力现代化，基本实现教育现代化的必然要求。天津市作为建设北方的经济中心更应顺应时代发展的潮流，加快高校教育职能转变。

公共治理作为规范和约束公共权力运行的过程，是用制度保障政府权力有限性、有效性以及公共性的有力工具，事关重大公共利益决策。而且党的十八届三中全会明确提出："全面深化改革的总目标是完善和发展中国特色社会主义制度，推进国家治理体系和治理能力现代化。"因此，本研究将政府教育职能转变置于现代国家治理体系的宏观视域下进行研究，从理论视角丰富了政府教育治理内涵，突出政府职能转变的新路径。现代公共治理体系对于目前政府教育职能重点的转变、职能方式的调整都具有顶层设计意义。从现代公共治理体系视角，研究国家权力和社会权力的合理配置、国家权力和公民权利的平衡，具体表现就是如何处理政府和市场的关系、政府与公民的关系。自新中国建立以来，政府教育职能重心在不同社会发展阶段都有变化。社会主义市场经济确立以后，国家与社会二元分化，政治领域的政府管理和社会领域的公民自治，能够让政府和社会发挥各自作用，从而使权力得以规范运行。政府做什么和不做什么具有规范性和法定性，公共权力运行需要考虑对社会的影响，因为要保持经济社会的可持续发展，维护社会长期稳定，整合社会力量，获得社会认同，政府的权力就必须服务于公民和社会。这是实现政府教育职能转变的理论基础。

推进国家治理体系现代化和国家治理能力现代化之所以重要，是因为我国正经历着从传统社会向现代社会转型，面临着工业化、城镇化等现代化建设的问题，而教育作为科技强国的源泉和生命之源，具有至关重要的作用，因此从现代治理体系的视角研究政府教育职能转变具有重大实践意义。而且就地方政府来看，教育行政体制改革的实践诉求迫切需要从理论上予以解答，而这也亟须从实践中汲取养分。教育服务作为一种公共产品，具有行政管理属性，这是不可否认和不可替代的政府权力。但“政府的管理职能是掌舵而不是划桨”，非政府组织、社会团体甚至公民个人都有参与提供教育服务与管理的职责。政府的管理职能范围不在于微观领域而在于宏观的政策领域，其本质是提供公共服务。在平等合作的基础上，政府要把办学权真正交给学校，使之成为独立的法人实体。从治理角度探索和研究政府教育职能转变是历史和现实的必然要求和选择，因此从现代治理体系的视角研究天津市政府教育职能转变具有重大实践意义，是对现代高等教育发展规律的积极探索。

第一章　公共治理基础性阐述

第一节　治理理论产生的背景

治理理论的产生有其社会历史背景与理论渊源，为全面把握治理理论的内涵，有必要对治理理论的社会历史背景进行简要分析。

一、治理理论的外部环境

随着全球经济一体化的逐渐兴起，单一民族或者国家能力范围之外的公共问题日益增多，并且这些公共问题具有共同性与不可分割性。而没有任何一个国家可以独自面对并解决这些问题，于是“全球治理”的概念便随之出现。最早提出全球治理的学者们认为，这些公共问题的解决并不能完全依赖各国政府，还要靠各种国际组织与非政府组织等与国家政府之间相互合作，以多元化主体的形式进行公共问题的治理。从国际角度来看，公共事务的治理主要是处理各个国家政府之间的各种关系，而现如今，多元化主体的参与，使得国际公共事务的治理范围逐渐扩大，不仅限于各国政府，同时也包含非政府组织与公民活动，甚至包括全球的企业市场问题也列入公共事务的治理范畴。而当这些多元化主体参与并身处公共事务之中时，在公共问题的解决过程中，各国政府要面临较以往处理单一问题更加严峻的挑战。在这种情况下，公共行政理论的实施带有一定的普适性、全球性的特点也就随之而来，于是“治理理论”由此产生。

治理理论兴起之初并没有涉及与世界秩序有关的职责，但却是对世界各国垄断管理模式的一种挑战。治理理论集合各种来自国际组织的力量，承担起治理全球公共问题的责任。治理理论的出现，打破了各国政府原有的单一解决本国内部公共事务的模式，从国家过渡到全球，不断引领各国寻求解决公共问题的治理新方法。当下世界各国相互依存、共同发展，全球治理在这样全球生存环境的背景下联系变得更加紧密，逐步形成了治理机制。

二、治理理论产生的社会历史根源

管理危机的出现是治理理论产生的社会历史根源。所谓管理危机是指公共事务管理中政府与市场的失灵，也就是说以政府和市场为主的管理模式都被证明不能有效解决问题，公共行政管理需要改革与治理。在自由资本主义时期，西方资本主义国家普遍信奉亚当·斯密的自由主义经济理论，并且在市场调节与配置资源时广泛使用这种理论，并且认为政府对于市场管理的视而不见便是最好的管理方式。这一部分信奉自由主义经济理论的人，反对政府对市场的任何干预，他们认为政府的职能是为经济发展提供安全的环境，而无需直接插手市场的管理，政府在市场经济发展中处于架空的地位，对于市场的任何财产不具有拥有和支配的权利，只是作为“社会的仲裁人”的角色存在。20 世纪 30 年代左右，世界金融危机的爆发，彻底打破了这一部分人的经济思想，宣告了“自由竞争”的破产，市场失灵的出现使人们意识到市场机制的缺陷，市场并不是万能的，存在诸多不可控性，因此政府此时需要出面干预经济和社会公共事务，这也是凯恩斯国家干预主义兴起的原因所在，政府与市场的力量关系发生了根本性的变化。随着凯恩斯主义的盛行，政府对于市场经济实施全面干预，并且独家控制公共管理事务，国家职能的体现逐渐被放大，市场的作用却呈负面发展。政府的这种大包大揽形成的管理模式直接影响了市场的自由创新发展能力，使市场资源配置无法达到最佳状态，另外，政府管理机制也存在诸多问题，因此在对市场的干预过程中逐渐失去民众的信任，出现管理危机，继市场失灵之后，政府也处于失灵状态。

市场失灵与政府失灵的现象一经发生，政府便不得不重新审视市场机制，从20世纪90年代开始，越来越多的学者开始研究治理机制来应对这种政府与市场失灵的局面，从多个层面来剖析这种失灵状况发生的根本原因，并从治理机制中寻求解决问题的办法。正如修斯所言："自从20世纪80年代中期以来，许多先进国家公共部门的管理发生了变化。"事实的确如此，公共行政的管理方式与官僚等级组织的管控充斥着整个世界几乎所有国家的公共事务管理现状，如今这种现状正在随着全球化进程的发展，逐步迈向以市场和社会为基础的形式。这种形式上的变革不仅仅体现在各国政府角色的转变上，更加体现在公民权益的保障与部分权力的扩充。而相对来说，传统的公共行政已经逐渐被公民所质疑，甚至是抛弃。

三、第三部门力量的发展

在计划经济发展的时期，政府在高校办学中占据主体地位。但是由于我国教育资源的稀缺，在很多方面不能得到充分利用，出现资源浪费、不合理的现象。伴随着高校近年来的不断扩招，对资源的数量和质量提出了更高的要求，因此教育资源方面出现的严重缺乏现象成为许多国家教育发展的阻碍。即便是欧洲一些发达国家的高等教育资源也陷入被动尴尬的境地。当前教育已然成为政治、经济及社会发展的关键，教育事业的发展必然会极大地促进其他领域的迅速发展。当前，我国在发展高等教育方面也是资源匮乏，高校的规模与高校的教学质量，很难提供足够的高等教育机会，在这种情况下使大部分学生的权益得不到保障，无法满足学生对高质量教育资源的需求，长此以往，高等教育质量也会随之下降，严重影响整个国家的经济发展。

"政府失灵"与"市场失灵"的出现，使人们意识到亟须一个独立于政府与市场之外的第三部门力量共同参与社会管理，以及这一部门的重要性。第三部门不同于政府部门和市场主体，它具有独特性，在自身能力范围内管理某些事务或者协同政府等主体力量为公共事务提供有利决策。这种方式是由原来的统治管理模式向共同协商治理道路的转变。因此，第三部门力量的出现，无疑给予高校发展提供了多元化的解决思路，并且为治理理论在高校的自主化创新改革中的运用提供了有效支撑。

第二节　公共治理理论与发展

一、公共治理界定

公共治理(public governance)作为当前政府公共管理的新范式,是未来社会体制建构的基本方向。何为“治理”?根据《辞海》(第六版)“治”字第一释义为20世纪90年代以来在西方兴起的新的管理范式;第二释义为“治理;管理”。例句《商君书·更法》:“治世不一道。”这里的“治”与“治理”实际上是并用的。事实上,“治理”一词不仅非舶来品,相反历史源远流长。早在春秋战国时期就已出现“治理”一词的使用,《孟子·滕文公上》有述“尧舜之治天下,岂无所用其心哉?亦不用于耕耳”,“君施教以治理之”。《荀子·君道》记载:“然后明分职,序事业,材技官能,莫不治理,则公道达而私门塞矣,公义明而私事息矣。”《老子·五章》有“天地任自然,无为无造,万物自相治理,故不仁也”。其认为“有恩有为,则物不具存”。法家宣扬“以法治国”“废私立公”,《韩非子》(卷二十)“制分第五十五”有“其法通乎人情,关乎治理也”。

在西方论著中,将“Governance”一词诠释为“治理”之意实际上可追溯于“拉丁文和古希腊语”,它是指国家管理、控制、掌舵公共事务及政治活动。而“治理”一词真正作为国际领域使用的词汇,最早出现于1989年世界银行发布的《撒哈拉以南非洲:从危机到可持续增长》报告,报告认为“非洲发展问题的反复出现”根源于“治理危机”,对此该地区要以“善治”为目标进行“政治革新”,建立具有有效公共服务、独立司法体制及代议制立法机构,对公共资金管理,遵守法律、尊重新闻自由和人权的“多元化制度结构”,引入市场经济,基于经济重组之机彻底系统地重建“治理”,强化社群、妇女组织、专业协会以及其他社会组织和利益集团的活动。

作为世界知名的国际政治理论家、治理理论的主要创始人之一詹姆斯·N.罗西瑙(James N. Rosenau)认为,治理与政府统治不是同义语,它们之间有重大区别。它将治理定义为一系列活动领域里的管理机制,它们虽未得到正式授权,却能有效发挥作用。与统治不同,治理指的是一种由共同目标支持的活动,这些管理活动的主体未必是政府，也不一定需要依靠国家的强制力量来实现。换句话说，与政府统治相比，治理的内涵更加丰富。它是一种强调协作、参与以及互动的运作模式，涉及政府机制，也涵盖非正式的、非政府的机制。

英国地方治理委员会发起人之一、纽卡斯尔大学教授罗伯特·罗兹(R. A. W. Rhodes，1996)认为"治理"剥离了科层制语境下的雇佣关系、依靠、权威、原则以及命令特质，突出了资源交换、互相依赖、信任、协商特质。"有序统治的环境和条件已与过去大不相同，因此，我们需要以新的方法和模式来统治社会，治理意味着统治的含义有了根本性的变化，意味着一种全新的统治过程。"他从六个视角阐释了治理，它就是：作为最小国家管理活动的治理、作为公司治理模式的治理、作为新公共管理的治理、作为善治的治理、作为新的社会控制系统的治理以及作为自组织网络的治理。在罗兹的视野中，自我管理、互动参与、公共服务、竞争机制、民主授权已成为"治理"含义中的关键词。

二、公共治理模式

国际著名政府治理与改革问题研究专家、公共管理大师、美国匹茨堡大学教授B. 盖伊·彼得斯(B. Guy Peters)基于经济角度，在《政府未来的治理模式》(The Future of Governing：Four Emerging Models)一书中提出了具有典型特征的四种政府未来治理模式，如表1所示。

表1　四种治理模式的主要特征表

	市场模式	参与模式	弹性模式	解制模式
主要诊断	垄断	等级制	永久性	外部规制
组织结构	分权	扁平化	虚拟化	(无特别建议)
管理形式	绩效工资制及其私人部门管理技术	全面质量管理，团队管理	管理临时人事	更大管理自由度
政策制定	内部市场	咨询，谈判	实验	企业化政府
公共利益	低成本	参与，咨询	低成本，协调	行动主义

1. 市场模式(Market Model)

作为政府管理方式中最受欢迎的一种模式,市场模式与企业型政府模式基本相对应,都认为无论是公共部门,还是私人部门所面对的管理任务和服务任务是一致的,因而可以借助同样的技术手段来完成类似的任务;削弱或取消与官僚机构的关联、以规章制度为核心的权力结构,必然会使公共部门中雇员个人的创造力与行政才能焕然一新。

就组织结构而言,市场模式主张将决策和执行权下放给基层部门、私人部门或半私人部门,从而实现打破政府垄断、节约开支、降低成本、优化服务的目的。就管理体制而言,实行以功绩制为原则的个性化绩效工资制度。而在政策制定方面,倡导将官僚体制职能分解成多个"企业型"的机关,赋予他们根据市场信号独立自主制定政策的权利。

2. 参与模式(Participation Model)

参与模式,即授权模式,虽然它在组织结构上也主张分权,但与市场模式的分权并不同,参与模式更青睐于较低阶层员工和组织对象的服务,而市场模式则更热衷于组织中较高阶层。在管理体制上,参与模式强调通过内部参与、共同协商以及对话的形式,使底层人员在权力分配上具有话语权,它强调全面质量管理,强调小组方式和集体方式,并以此作为基点进行评估和奖惩,而市场模式更强调以个人为单位进行评估和奖惩。在政策制定上,参与模式有两个显著特征:一是强调自下而上的分权式决策,让那些与民众接触最多的底层机构和底层服务人员参与决策;二是吸纳公民参与决策,以此最大限度地实现和满足公众的利益。

3. 弹性政府模式(Flexible Government Model)

弹性政府也称灵活政府,是指政府及其机构能够根据环境的变化制定相应的政策。在组织结构上,它主张在政府内部采用可选择性的灵活组织结构,以完成一些日常事务和专业性任务为出发点,设立各种临时性机构,伴随任务的完成,机构和人员随之消失。在管理体制上,基于工作量确定和调节公务员的数量。在政策制定上,弹性政府的决策采用的是实验性的、渐进式的和非永久性的过程。

4. 解制政府模式(Deregulating Government Model)

所谓解制政府模式是指取消公共部门众多的规章制度,取消过程取向的控制机制，信赖并依靠公务员的责任心和能力来进行新的创造性工作，从而提高工作效率，改进社会的整体利益。这种模式的优势在于有效改变过去传统的按章办事的规则，去除繁文缛节，让政府最大限度地发挥潜力。在组织结构上，淡化组织结构，任何一个行政体制的组织都只是一种形式，其实质是能够有效工作。在管理体制上，一方面不反对官僚制机构，它以公务员的伦理道德作为行政活动中的驱动力量。另一方面，鼓励各层级的积极参与，最大限度发挥员工的潜力和能量，承担更多的责任。在政策制定上，赋予官僚更强的决策角色，让他们享有更多的决策权。

1995 年，在全球治理委员会发布的《我们的全球伙伴关系》研究报告第一次给出治理的概念，即“治理是各种公共的或私人的个人和机构管理其共同事务的诸多方式的总和”。基于此概念，可以分析出治理特征包括以下几个方面：与结果相比治理更专注过程、主体非单一、强调双方互动而非单方面的控制。公共治理作为治理理论中的一个庞大分支，虽然本质内涵与治理无本质区别，但是公共治理更具有其明显的独立特征，即部分与整体的统一、协调与引导的统一及权利与义务的统一。

1999 年，学者格里·斯托克（Greey Stoker）就治理问题阐述了自己的五个论点：第一是治理虽出自政府，但又并不完全局限于政府的一套社会公共机构和行为者；第二是在为社会和经济问题寻求答案的过程中存在界线和责任间的模糊；第三是涉及集体行为的各个社会公共机构之间存在着权力依赖；第四是治理是行为网络者的自主自治；第五是办好事情的能力并不在于政府的权力，也不在于政府的直接命令或者权威，而在于政府可利用新工具和新技术的控制和指引作用。可以说，这五个论点相互衬托，相互交叉，而且就每一论点来看均涉及某种困难或关键问题，也形成了五个问题。一是治理政策制定过程的复杂现实与据以解说政府而为之辩护的规范信码相偏离；二是各方职责的趋于模糊化导致逃避责任或寻找替罪羊；三是基于对权力的依赖导致所得并非所求，加剧形成对政府产生影响的不良结果；四是正是因为有了自治网络，那么应如何明确政府对社会的责任；五是即便政府以灵活方式控制和引导着集体行为，治理依然有失败的可能。

三、公共治理理论

公共治理理论指掌握、操控和管理等众多含义的组合。20 世纪 90 年代，全球爆发巨大金融危机，于是“治理危机”一词便应运而生，被世界各国学者认可，也被众多组织的领导者与政府管理层所接受。传统的官僚机制造成了政府机构的效率低下、服务劣质等方面的“政府失败”。

早在20世纪70年代末，西方学者在政府管理中引入竞争机制来提升服务质量，以效率为主要目的，通过引进企业的治理理论来改进公共部门的管理机制和管理水平。公共治理理论在提升政府效率方面发挥了巨大的作用。但是在公共治理理论的具体实施中，逐渐摒弃了公民的权利，偏离了社会公正及公众利益，逃避社会责任等，这些因素最终导致了政府的失灵，而政府失灵最直接的后果便是市场随之失灵。在如今经济水平与信息技术迅猛发展的状态下，计划经济下的政府失灵现象越来越多，民众的自我维权意识与渴望政治参与意识日渐增强，这在一定程度上威胁到了政府全面干预经济的霸权地位。在这种复杂的形势下，人们急切需要一种全新的思维与理念来彻底改变计划经济下显露出来的弊端，于是公共治理作为一个解决市场失灵与政府失灵的有效工具出现，被广大学者作为研究与关注的对象。将公共治理理论归结于为政府发挥主导与调控作用，调动私营部门、社区志愿团体等参与社会与个人活动的积极性，和谐化解各方矛盾的理论。

自1989年，世界银行首次使用了“公共治理”概念以来，公共治理便逐渐开始应用到公共行政领域的管理研究中来。公共治理理论作为一种全新的研究框架，从不同的视角研究公共行政管理，如第三部门、公民社会、市场竞争等，同时公共治理理论还包含更加全面的分析方法，如制度分析、经济分析、文化分析等，为公共管理改革与政治发展指明了方向。

20世纪90年代以来，西方的政治学家对公共治理的概念作了许多界定，认为公共治理来自政府的行为者，但是并不仅仅限于政府，在处理经济与社会问题时存在许多责任方面的不明确性，公共治理涉及的集体或者社会行为与社会公共机构之间存在某种权力依赖。此外，公共理论对于政府权力的依赖并非那么重视，对于事务的处理可以完全依赖政府以外的权力，或者说是不依赖于政府的权威。有学者提出了以下几种关于治理理论的不同定义。

第一，将公共治理理论看作是国家消减公共开支，用最小的成本来获取最大的利益；第二，将公共治理理论应用到企业管理中，成为指导与监督企业运行的组织体制；第三，将公共治理理论应用到市场管理中，可以作为一种激励机制与企业管理方法引入公共部门；第四，将公共治理理论与善治理论相结合，成为一种高效率的公共服务体系，并且具有法律保障和责任明确；第五，将公共治理理论作为社会控制理论，促进各级政府与社会之间、公共部门与私人部门之间的良性互动与紧密合作；第六，将公共治理理论融入网络组织的管理中，创建互利合作的社会协调网络。

本文认为公共治理是一种以最大限度地增进公共利益为主要目的，同时在不同的利益主体与权力主体之间运用适当的手段去引导、控制和协调公民活动的过程。

过去的公共治理是指政府单方面的管理，当前公共治理的主体不仅包括政府机构，同时还包括与其合作的公立机构与私人机构等，随着社会不断发展与各种创新治理理论的出现，社会开始重新审视公共管理的作用。在公共治理呈现多元化的主体中，主要强调政府的有限作用，主体中的政府作用得到有限的控制，政府在公共事务的管理中不再具有唯一的决策权，权力的主导者与决策者也不再仅限于政府，社会认可的机构同时可以参与拥有管理事务的权力，充分展示其积极的作用。

公共治理的多元化必然导致公共治理的客体也多样化。公共治理中的多个主体参与治理必然导致更多的社会矛盾，增加政府治理的范围。与单一主体模式的治理模式相比，多元化的整体治理模式更具有特征，但是值得一提的是，在多元化的主体中，虽然政府不是唯一的决策者，但是依然承担治理的主体地位。在此条件下，公共治理实质上是国家与社会在公共利益与市场原则被认可的基础上的一种合作模式。

从治理手段上来讲，公共治理理论中，政府采取多样化的手段主导公共事务的管理。因此公共治理首先要求政府在管理模式上有所改变，同时在管理范围上也要作相应调整。除了采用行政与法律手段，政府还需在公共治理事务中采用企业的管理方式来改善公共机构的组织管理绩效。一方面，政府借鉴企业的先进管理模式，并将其合理应用到公共部门的管理中；另一方面，公共治理理论提倡政府积极鼓励私人部门参与到公共事务的管理中。在提升管理效率的前提下，政府采用多样化管理手段，来引导、监督并控制公共事务的管理。

从公共治理的目标上来看，主要目的是利益最大化。公共治理的显著特征是国家与社会的合作管理。与传统公共行政相比，现代公共治理的目标最大限度地增进了公共利益，这也是公共治理理论的最高价值。

四、公共治理理论的基本理念

公共治理理论的出现保障了公民的利益，解决公共事务出现的问题，同时还促进了政府与其他治理主体之间的紧密合作，包括非政府部门、第三部门或者公民个人等，政府与其紧密合作，相互配合，共同管理与处理公共事务。在这种相互合作中，政府与各治理主体之间产生了相互依赖的关系。公共治理理论的核心价值在于对政府机制与市场机制的整合，并且加入社会机制，从而建立起一种多元化的管理机制，多种主体组织协商配合的合作状态，可以解决传统公共行政的政府失灵和市场失灵，实现对公共事务的良好治理。公共治理理论的基本理念分为以下几个方面。

1.治理主体的多元化。公共治理的主体不仅包括传统的政府部门，同时也包括私营部门、公民个人、第三部门等非政府部门的参与。公共治理理论的多元化要打破政府垄断的模式，调动社会公共部门和私人部门共同参与社会治理，实现大数据下的信息资源共享。政府不再是市场经济的独裁者，而是与其他社会组织一起共同成为治理主体之一。另外，企业、社会组织等单位、团体在管理公共事务中承担重要的责任。

2.地位平等化。在公共事务处理过程中，各个主体是平等的伙伴关系。这种伙伴关系大概有三种存在形式：一是主导方与职能方都不是事务的主要参与者，而是由第三方处理。二是事务的顺利完成依靠各个主体的优势与资源。三是各个主体在合作过程中形成一种完善的自我管理体系，实现规范化、网络化管理。

3.责任界限的模糊性。在传统的公共行政理论中，国家与社会之间、政府与市场之间，责任是非常明确的。公共事务理应由国家政府管理，社会与市场仅作为参与者，没有任何决策的权力。而现在的公共治理理论提倡私营部门、第三部门以及个人都参与政府管理，彻底打破传统公共行政理论的公私分明的界线，在分享权利的同时也承担同样的公共责任。

4.主体间权利的依赖性。公共管理强调政府不作为唯一的管理者，而是重视多元化主体管理，因此在政府带给其他治理主体的保障与指导的同时，其他公共主体也在创造利益于政府，它们之间没有绝对的垄断者，而且任何一方都没有单独处理公共事务的权力，必须相互依赖和相互沟通，通过共同合作制定出合作决策。

5. 自主自治的网络体系。多元公共管理之间是相互信任、相互合作的伙伴关系，他们之间没有绝对的权威与权力，这种关系直接导致公共治理成为一种自主自治的网络体系。这些公共管理主体依靠自身的优势与资源，通过共同的目标与利益尽心沟通与合作，建立相互信任的伙伴关系，共同进步，共同享受利益，同时也共同承担风险，最终建立起公共事务的管理联合体。

6. 政府“元治理”角色。正如政府失灵、市场失灵一样，治理在实际运作过程中也可能会出现“失灵”的现象。因此，西方学者提出了“元治理”的概念，重新审视政府在治理网络中的重要作用。“元治理”并不等于政府依然在治理中占据主导和中心地位，而是政府转换责任角色，以保障治理基本规则的实施为基本准则，同时在规则发生变化或者出现矛盾冲突时，及时出面协调、维持社会秩序。

五、公共治理理论的发展

公共治理理论的发展经历三个不同的时期。

第一是萌芽阶段。在 1973 年至 1975 年，全球经济出现瘫痪的情况下，西方资本主义国家束手无策，市场资金处于断接状态，沉重的负债压力与通货膨胀一度使得市场失灵，管理失控，以此引发的资源浪费、政府纠纷等问题层出不穷。20 世纪初期，人们想要改变政府是独裁者的传统观念，让市场发挥基础性作用，于是公共治理理论便出现了。20 世纪 70 年代末，公共治理理论概念在公共管理运动中得到实践和检验，政府失灵与市场失灵问题的处理获得突破性的进展。20 世纪 80 年代中后期，由于经济价值取向单一，政府过于追求经济利益而忽视社会效益，公民的基本权益得不到保障，公共管理理论开始遭受抨击。一些经济学家和政治学家开始意识到，若要改变市场失灵与政府失灵的问题，单一的公共治理是不够的，必须将管理层面考虑在内。在这样的大背景下，公共治理理论的全新理念萌芽开始出现。公共治理的最初理念是为了维护公众利益，使资源得到有效分配，政府合理调控。

第二是争议阶段。国内外学者对于公共理论有诸多解释与界定。从决策结果的角度出发，米歇尔·福柯将其定义为“在他人可被影响的范围内实施构建”。詹姆斯·N·罗西瑙认为,“只有被社会绝大多数人认可的治理方法才能称之为管理体系”。国内学者则认为,“治理”包括治理技术和公民社会发展两个层次。技术领域的治理主要指的是政府在法律框架内培养政府管理社会的能力和发挥社会治理的功能。公民社会发展层次主要是指培养公民的社会责任感和归属感,让非政府组织和非营利组织发挥应有的作用。从公共管理角度出发,公共治理的各个主体从共同利益和目标出发,严格遵守市场准则和政策,参与市场活动。通过国内外关于公共治理理论的研究可以看出,学者们分别从政治学、行政学与公共管理的角度出发对公共治理进行定义。

第三是发展阶段。公共治理理论通过不断实践与论证达成以下共识。首先,社会不是政府单独的责任,民众也应摒弃政府与国家是唯一权威的传统思想,鼓励其他主体以多种方式参与社会管理,共同承担社会责任。其次,政府方面应当适当放权,让市场发挥基础性作用,政府发挥宏观调控的主体作用,打破原先政府与市场的固有模式。最后,政府应当站在民众的立场上更好地服务社会,以民众利益为主要目的,而不是以强制手段对公共政策与公共服务进行独裁专断。公共治理理论历经多年,不断从一般性研究转化为网络化整理和政府绩效评估等具体分支,更好地实现了理论与实践的紧密结合。

第三节　高校公共治理的内涵与特点

一、高校公共治理的内涵

公共治理的目的是在不同的制度关系中利用理论去控制、引导与规范公民的各种活动,并以此来增加公共利益,维持公共秩序。而将“公共治理”的概念引入高等教育中,目的是解决高等教育市场化或者国家化引发的危机。高校公共治理主要是通过合作、共同治理的方式进行高校事务的管理,而并非利用政府的权威和强制性手段对高校事务进行干预管理,高校公共治理是政府通过制度保障来社会大众共同参与教育公共事务管理,鼓励市场与公民参与,并承担相应责任,充分调动各方的积极性,并在此基础上达到公共利益最大化的过程。从某种意义上来讲,高校公共治理理论是政府为了实现教育目标，制定各种制度，使高校在行使其教育权力的同时，建立良好的教育环境与运行机制，并且在教育政策的实施下，不断对高校的管理模式进行调整的过程，也是实现政府与高校在管理事务的配合、协调上的良性互动过程。

由于角度不同，人们对高等教育公共治理的理解也不同。有学者认为所谓高等教育公共治理主要是为实现大学目标而设立的制度，它不仅提供了大学的目标、原则、决策方式、权利分配等，同时还通过对大学内部的宣传与指导，使其为共同完成大学目标而进行努力。当前，在高等教育内部管理体制改革中，大学决策权力的分配属于较为重视的问题。由此可见，高等教育公共治理是大学内外部分的利益相关者共同参与大学重大决策的过程。还有学者认为，大学治理本身对于大学的管理是有利的，大学的治理强调治理者与被治理者之间存在一种沟通与合作的关系。治理的主体不光是社会公共机构，同时还可能包括私人机构，在大学治理过程中，政府与学校、社会之间存在一定的互动性，并且从权力的角度上来看，政府不再是权力的垄断者，学校与社会拥有一定的管理权。张维新教授认为，大学治理存在的根本问题是关于内部管理制度的制定与施行，以此保障大学实现基本发展目标。高等教育公共治理是依靠政府、社会团体以及个人等公共行动者共同处理大学事务，完成大学决策的制度安排。

据此，高等教育学校的治理工作是一种持续的行为过程，过程中多元化主体的参与，政府、社会与学校之间的相互协调配合，在不影响各自利益的前提下，共同为高等教育事业发展而采取联合行动。高等教育公共治理中既包含具有强制性的法律制度与执行规则，同时也包含人们认为符合其利益的非正式的制度安排。

二、高校公共治理的特点

高校是包含多种学科、多种专业的学术组织，同时也属于行政组织，包含各种层级结构。高校公共治理是决策的过程，区别于行政与管理。现代高校制度的关键便是公共治理制度。高校公共管理的内涵主要是指高等教育系统和大学的组织方式、权力如何分配和使用，以及高等教育系统和高校与政府之间的关系。教育部在探讨高校管理制度中提出，高校公共管理是约束并规范学生群体的行为，维持校园基本秩序的保障。高校公共治理的内涵与治理概念有密切的联系，同样也是高校公共治理的基础理论依据。任何组织机构的发展都离不开治理二字。高校的治理结构又分为内部权力分配、协调和形式制度，同时还包括高校与外部环境，如与政府的关系等。

作为一个特殊的社会组织，高校的治理模式必然要求政府转变职能实行分权管理。高校公共治理的特点可以分为以下几个方面：第一，非政府垄断。高等教育增加提供主体，不再是政府单一提供，市场与社会组织可以共同参与提供高等教育。第二，非中心性。在治理模式下，政府逐渐下放权力，推出微观的高校管理范畴，政府不再是唯一的权力主体，给予高校更多的办学自主权，确立高校的独立法人。第三，市场机制的引入。在高等教育领域，逐渐引入市场机制，完善资源配置，尽量加大社会力量的投资力度，逐渐减弱高校对政府公共财政的依赖，营造公开竞争的环境。第四，政务公开。呼吁教师、学生和社会组织参与高校治理，积极接受社会的监督。

高校公共治理的特点诠释了高校公共治理的基本内容，涉及多主体协作的复杂过程，而并非只是制度与规则，高等教育治理的基础是协调，而并非控制，高校公共治理是持续的互动过程，而不是真正的制度。

第四节　高校公共治理产生的基础

一、新公共服务理论

“新公共服务”是依靠公共行政在公共事务的处理中所承担的责任表现，“新公共服务”理论有四个基础理论：民主社会的公民权理论、社区和公民社会模型、组织人本主义和组织对话理论及后现代公共行政理论。在此基础理论之下将新公共服务理论的主要内容分为以下几点。

第一，政府扮演服务者。在新公共服务理论中，政府主要扮演服务者的角色，政府行政部门工作人员应当作为公民权利与民主对话的促进者为公民服务。政府逐渐从控制与管理转向对公民利益的重视。第二，关注公共利益。公共行政人员要尽力向社会公民宣扬集体公共利益理念，共同为实现公共利益而努力，同时建立责任分担机制，加强分工与协作。第三，通过集体努力与协作，满足公共政策的需求，保障政策的有效实施。第四，关注人的作用而不是生产率，公务人员与公民之间要相互尊重。第五，关注公民权和公共服务。重视公务人员为公共事务作出的贡献，并且在处理公共事务中通过与公民的协调合作，体现了公民在公共事务中的积极配合，促进公共利益的实现。

第二，“新公共服务”理论体现公民的核心地位，强调政府的服务责任，以公民利益为主要目标，政府对公民利益提供必要的引导与帮助，并且通过各种治理手段保障公民的合法权益。高度计划经济体制下的受教育者无法表达自己的利益诉求，社会参与机制也很难建立起来，高校无法满足学生的利益需求与社会的需要。新公共服务理论重视公民服务意识与公民的社会作用，强调政府与公民、社会之间的合作沟通，提升了公共服务的价值。从这个意义上来讲，新公共服务理论关注的核心是政府与市场的关系，是分析我国教育领域中政府与市场关系的一个有效的理论工具。

二、治理理论

治理理论起源于西方质疑官僚行政的有效性，重新调整国家与社会、政府与市场的边界。随着公共管理的发展变化，政府已然褪去公共事务管理者的身份，重新定位角色，提出新政府的理念。治理理论关注的事务多元化，政府利用少管理、多治理的改革理念对社会各个领域进行管理。治理理论主张公共事务民营化，将市场机制引入公共服务。因此，治理主要是通过政府管理、市场调节与公民社会的合作来实现。

治理理论认为，在当代社会中，政府与其他组织机构一样，对社会发展起着重要的作用，但是政府的管理方面应当进行改革，从全能型政府逐渐放权到服务型政府，对社会发展起到监督与引导的作用，而并非事事都要亲力亲为，社会可以处理的事情交由社会管理，缩小政府的职能范围。另外，治理理论在某种程度上强化了政府的主导地位。政府不仅要承担指导社会公民行动，制定相关标准，还要确保公民社会行为的方向与目标，统领社会发展方向，维护社会的稳定。

治理理论表明，政府适当将职权范围减少并下放，并且将原本独自承担的责任转移给社会公民、私人部门等，导致政府与社会之间、公民之间的责任界限变得不再清晰，计划经济体制下的高校学生自身权益受到损害时，不确定到何处去表达其诉求。因此，社会参与治理的目标较难实现，最终的结果便是导致高校无法满足学生的利益需求，从而造成了社会人才的缺失。为了实现社会发展的目标，各社会组织之间开始交换资源、制定共同的目标，构建资源交换的良性环境。治理意味着公共事务管理的方法不局限于政府，而是拥有其他渠道。治理理论是针对优化政府管理而提出，它的含义可以概括为：多元、协调、互动、合作，即治理是多元化主体之间为了共同的治理目标而相互协调、共同合作，建立良好互动关系的过程。

第五节　治理理论对高校管理的意义

一、治理理论带来的新视角

当今社会经济快速发展，政府对于公共事务的管理也在不断寻求新的方式，治理理论的出现，也成为政府与高校或者其他社会组织管理必然的发展方向。由于网络的发展，大学生通过网络学习便可以接收大量新鲜的知识，在此背景下，学生主体的地位越来越受到重视，以传统授课方式为主的时代已经悄然离去，无论是学生、教师还是学校，都要顺应新时代发展需求，注重课程的多样化、科技化建设，理解并重视学生的个性需求。而高校的管理模式也在不断地发生变化，将学生作为单纯的被管理者已经无法满足学生的个体需求，一味地实行传统管理模式，必然会给高校管理带来更多的阻碍。

对于高校而言，治理理论的出现，无疑是为自主发展阶段的高校提供了方向与思路，并且伴随管理多元化主体的提出，为高校的领导在管理高校事务的模式上提供了创新的思路导向。治理理论强调多元化主体共同参与管理，并且明确各主体之间的责任与职权范围，高校接受治理理论的管理思想，有效提升高校的管理效率。

无论是高校还是社会组织，只要其决策或者行使的权力可以达到公众的认可与支持，便可以顺理成章地成为不同层面的权力中心。在高校，学生的主体意识不断增强，学生组织成为学校管理的其中一部分，这部分学生组织更加容易被大多数学生所接受与支持，并对高校的学生起到引导作用。因此，高校做好管理工作，首先要做好这部分学生组织的管理工作，在高校管理模式中，将学生组织融入进来，提倡高校与学生共同治理学校，这种多元化的管理视角，不仅会提升高校管理的工作效率，同时也体现了学校以学生为本的办学理念，更加容易被学生所认可与支持，从而对高校各项事务的开展提供有利的条件。

与此同时，随着社会经济的不断发展，政府与社会对人才的需求越来越大，十八大报告中指出，全面提升高校学生的素质教育，将提升高校教学水平放在发展首位，培养学生成为具有社会责任感、创新精神、实践能力的综合性人才。学生在高校的学习，是为日后成为对国家建设有贡献的人做好专业知识的积累，学生参与高校的管理，是对未来参与社会竞争、培养民主意识提供实践机会。治理理论与高校和学生而言，都是一种全新的管理视角，与双方都是有重大实践意义的。

二、治理理论带来的理论依据

近年来，高等教育不断深化改革，高校管理中融入一批学生组织与学校一同参与管理公共事务。学生组织的出现，对学生的影响力逐渐增强，现代高校中，学生社团、学生生活社区等新学生群体也在不断出现，学生组织与学生群体的出现，对于学生在高校管理中的地位提升有着一定的推动作用。尽管目前高校的管理机制中还是以班级为主，但是网络信息科技技术的发达，传统的教室授课已然满足不了学生的需求，因此传统教师的地位也在不断减弱，与此同时，学生群体内部的发展越来越壮大，学生组织对学生的影响力不断增强。

治理理论中的“多元化、民主化”等理念为高校管理改革提供了全新的发展思路。高校管理的改革要从民主、法治的角度出发，不断丰富高校管理的参与主体，重视学生组织在学校管理中发挥的重大作用，不断探索并深化新的管理模式。治理理论强调“还政于民”，其构成的要素分为以下几个方面：其一是法治，无论何种理论的出现与实施，都必须以法律为依托来进行具体工作。其二是责任，要求管理者在管理理论的实施过程中必须承担与职务相对应的责任与义务。其三是合法，强调公民的共识与认可。任何一种理论的产生都必须由法律依托，在实际运用过程中也必然在法律允许的范围内实行。其四是回应，要求管理者积极听取公民的意愿，对公民的诉求务必做到有求必应，积极采纳并处理建议或意见。其五是透明，主张公民对于自身利益相关的信息具有知情权，治理结果也要公开透明，体现了治理理论的公正性与真实性。其六是有效，建立规范、科学的管理机制与管理程序，提升管理效率、降低管理成本。治理理论对高校治理方式的改革提供了理论参考依据。

三、治理理论推动高校民主化进程

近年来，我国社会发展重视社会公民的参与性，民主化的发展进程步伐加快，在十八大报告中，也曾明确提出，要不断扩大人民民主发展，重视人民民主权利，并且将其作为我国未来发展的要求之一。近年来，我国社会民主化进程步伐加快，十八大报告中也明确提出要将人民民主不断扩大作为今后发展的新要求之一。高校作为人才培养机构，在国家民主建设方面有着独特的文化优势，高校的师生普遍素养较高，思想也较为先进，接触新事物的能力与辨识能力较强，因此对民主的需求也很强。另外，高校具有引领社会文化的功能，因此在民主化管理方面，高校应当首当其冲，带领社会公共组织共同向着民主化的社会发展。

治理理论在实际运作中需要民主政治作为基础，要求参与的主体具有较高的民主意识，强调社会民主化进程。因此在治理理论的实践中，高校管理倡导学生作为治理主体进行参与管理工作，这也体现了高校管理民主化发展的理念，同时学生在参与高校管理的过程中，不仅帮助高校的管理工作顺利进行、与学生之间的各项工作顺利开展，同时也增强了自身的民主意识。在当今社会发展与高等教育背景下，结合治理理论，让学生作为参与主体深入参与高校的管理，符合时代特征，顺应了时代的发展，也促进了高校的创新改革。

第二章　政府高校职能阐述

第一节　相关理论概念

一、政府

对于政府的理解，国内学术界将其划分为广义与狭义两种类型。广义的政府主要包括行使国家权力的立法、行政、司法机关在内的所有机关。狭义的政府是指国家权力执行机关，即行政机关。但是这一定义也并不全面，一般来说，政府、国家机构的政府、非国家机构的政府之间是有具体区别的。可以将政府理解为一个利用国家权力，组织与管理国家事务的机关，是国家机构的组成部分，是国家颁布和实施各项法律法规与政策的主要工具。

20世纪后期以来的公共管理运动对政府进行了重新解释。2000－2002年期间，经济合作发展组织公共治理委员会从政府治理的角度，将政府组织分为两种治理体系：核心政府治理与分散化政府治理。其中前者的整体是政府部门与地方政府；后者的整体是在核心政府之外设立的具有一定独立性的公共组织，这些组织包括代理机构、权利主体等，主要由政府行政部门设立，并由立法部门组建，可以在公法、司法的公共框架内行使职能。本文提及的政府指的是核心政府，它在高等教育公共治理中的职能定位决定了高校的发展与供给渠道。

二、政府职能

关于政府职能的定义，国内行政学界尚未见非常明确的观点。有学者认为，政府职能指的是政府行政体系在社会的各个领域发挥的管理作用，并且表现在对社会各个领域公共事务问题的处理上，或者是对社会公共利益的保障。也有学者认为，政府职能可以称为公共行政职能，政府代表行政部门，在社会公共事务的处理中利用行政职权，对社会公正起到监督、引导、规范的作用。政府的相关行政部门按照法律法规的要求进行政策的颁布与实施，以此体现社会价值观与社会利益之间的密切关系。另外，还有部分学者认为，政府职能是国家主体地位的象征，并且利用法律加以明确规定国家行政机关的具体职能范围。政府职能根据社会发展的需求，结合国内外政治与经济发展形势，对社会各个领域进行管理和监督。从社会需求的角度，政府是根据社会发展需要而应履行的职责及其所应起的作用以及相应的能力。从行政学的角度，政府职能的主体是国家行政机关，条件是依法管理，责任是为国家和社会公共事务进行管理。从政府管理角度，政府是依法应当行使的职责和所具有的功能。

综合以上学者的看法，将政府职能总结为三种含义：第一是政府职能在社会公共事务中扮演着管理者与监督者的角色，并对社会各个领域起到一定的规范与保障作用；第二是政府职能在拥有多种权力的同时，也受到国家法律约束，同时也是国家职能的具体体现；第三是政府职能在社会发展不断变化的同时也有固定的标准实施。

政府职能反映政府活动的基本方向和根本任务。广义的政府职能是指国家职能，包括立法、司法、行政三方面职能。在传统社会，政府职能与国家职能混为一起，很难区分。在现代社会，社会管理职能占据比例越来越高，尤其体现在社会经济事务管理的方面，政府职能的内容和履行方式也在不断发生变化。对比传统意义上的政府职能，现代社会职能并非单一的以政府为主导管理，而是以法律为标准。狭义的政府职能，主要指的是政府的行政功能。其中包括政府在经济发展中与政治工作中起到的重要作用，并且在处理社会公共事务中，政府占据的主要地位。政府职能主要有以下几方面的特点：其一是整体性，政府之间的各项职能是归属于同一个系统，是具有相互联系的，没有任何一项职能是独立存在和行使权力的。其二是多样性，政府职能的层次与结构较为复杂，涉及的部门比较多，不同的政府承担的职能也不相同。其三是执行性，政府机关从法律意义上来讲属于立法机关，必须贯彻党的路线方针，执行人大决议。其四是多变性，政府职能并非一成不变，是随着我国社会主义发展不断改革变化的。我国在每一个不同的发展时期政府的职能都是不同的。

三、政府职能范畴

在明晰政府职能的概念后，我们将对政府职能的范畴进行描述。政府职能的范畴研究可以说是众说纷纭，先后有多位学者对政府职能范畴作出界定，比较有代表性的如亚当·斯密，他认为政府职能包括“保护社会”“保护每个社会成员”以及“建设并维护一定数量的公共事业及设施”。布坎南认为政府职能有三个层次，分别是执行现行法律的相应行动、现行法律范畴内的集体行动的活动以及改变法律本身即现行法律规定的相应活动。安德森的观点是从“市场失灵”的角度分析，为了弥补这一不足，认为政府职能应包括提供“经济基础、公共商品以及服务、协调矛盾、维持竞争、保护自然资源、使个人提供产品服务以及维护经济平稳发展”。世界银行年发展报告中又提出对底层阶层的保护以及对自然以及人文环境的保护。在这些关于政府职能不同的划分标准中，应松年的观点得到了学术界的普遍认可。即使表达方式存在差异，但从实质内容来看，都可以归纳为政治、经济、文化和社会职能（见表 2）。

表 2　应松年关于政府职能的表述一览表

政府职能	内涵
政治职能	维护国家统治阶级的利益，实现对外及对内的双重职称
经济职能	为市场经济提供制度基础、资源配置、分配、调节以及保证政府的稳定
文化职能	满足人民日益增长的文化生活的需要，依法对文化事业实施管理
社会职能	维持符合标准的社会生活水平和生活秩序，增进国民福利而生产或供应社会福利性产品和服务

通过以上论述，我们可以清晰地理清理论脉络，政府是社会公众以及公共利益的忠实代表，在无处不在风云变幻的社会生活中起着无所替代的核心作用。即使有市场机制和其他类型的非政府组织的作用融入，政府也必须挑起推动和服务于高等教育发展的重担。“在教育的作用不断被人们所认识的今天，要求一个国家的政府放弃其教育职能是不可思议的。主要问题在于，国家应如何来行使其教育职能”。

四、地方政府职能

政府职能的概念界定后，地方政府职能就可以相应地界定为：地方政府在公共事务管理中的职责和功能。中央政府和地方政府形成“合力”从而行使国家职能，地方政府的职能也包括政治、经济、社会和文化四个方面，只是与中央政府统筹全局不同，具有鲜明的地方特色，如突出对地方经济建设的组织和调控（表 3）。

表 3　地方政府职能特征一览表

特点	描述
双重性	执行上级政府政策法规并兼顾本地区的实际情况
层次性	我国政治层级包括省、市、县、乡。体现在不同层级中，一般情况下是层级越高政治性越强，层级越低服务性越强
差异性	由于各地区的经济发展水平、自然环境、人文环境、政治环境条件的不同，各地方政府会存在较大差异
服务性	地方政府在职能侧重点上与中央政府相比会更加注重本地区公共服务的提供

五、政府教育职能

1995 年颁布的《中华人民共和国教育法》是我国第一次对国家教育权作出的明确说明，即由国家掌握。从宏观角度上来看，基于市场经济条件，政府对全国教育事业起到宏观管理的作用，包括办学需要的国有资产并制定相关的教育政策与法规。

关于高等教育的职能讨论由来已久，截至 20 世纪，学者对高等教育职能包括人才培养、科学研究和社会服务这三个方面取得共识。这是世界高教理论学界的共识，更是我国高教理论界的权威认识。在一定程度上它体现了高等教育的规律性：既是社会发展对高等教育的规律性的要求，也体现了高等教育自身发展的规律性的步伐。政府作为承担高等教育职能的主体，在职能表现上具有三个层次的作用：宏观层面作用包括制定宏观教育规划、合理配置教育资源、划拨教育经费、制定各种教育法规政策、扶助教育弱势群体；中观层面作用包括高等学校招生、派遣、校长的聘任、教师聘用、经费使用等；微观层面作用主要为教学层面包括制订教学计划、规范课程标准、组织编写教材等。

可见，传统的教育管理，是政府主导的单向治理模式，政府充当主办者、管理者和评价者的角色。随着经济、社会的发展，这种传统的教育管理方式已经暴露出诸多的问题。2013 年 11 月中共十八届三中全会通过的《中共中央关于全面深化改革若干重大问题的决定》指出："全面深化改革的总目标是完善和发展中国特色社会主义制度，推进国家治理体系和治理能力现代化。"《决定》同时明确了深化教育领域综合改革的任务，提出要"深入推进管办评分离，扩大省级政府教育统筹权和学校办学自主权，完善学校内部治理结构。强化国家教育督导，委托社会组织开展教育评估监测"。

六、职能转变

地方政府职能转变的内涵，学者尚未达成一致的观点。乔耀章认为职能转变需要包括政府职能重心、职能行使方式、关系的转变；王学辉认为应包括政府职能性质和内容、政府管理经济手段、政府职能实现方式以及政府能力的提高与增强；田芝健认为政府职能转变重在"转变"和"实现变革"。"转变"包括转移、转化、转产、转换；"实现变革"包括变好、变强、变灵、变亲、变廉和变勤。虽然说法不同，但是核心观点都集中于职能理念、职能内容、职能工具和职能效果这四个方面。其中，职能理念表示为什么管、职能内容表示管什么、职能工具表示如何管、职能效果表示管得怎么样。

此外，政府在多元治理主体之间还起到再分配和调整的作用。具体来说，多元需求通过政府教育职能的不断转变来满足。职能主体包含政府、学校、专业机构和市场。在多元主体的努力下，多元需求得到最大程度的满足，而这一动态的过程是通过政府的教育职能不断转化得来的，具体转化过程如图 1 所示。

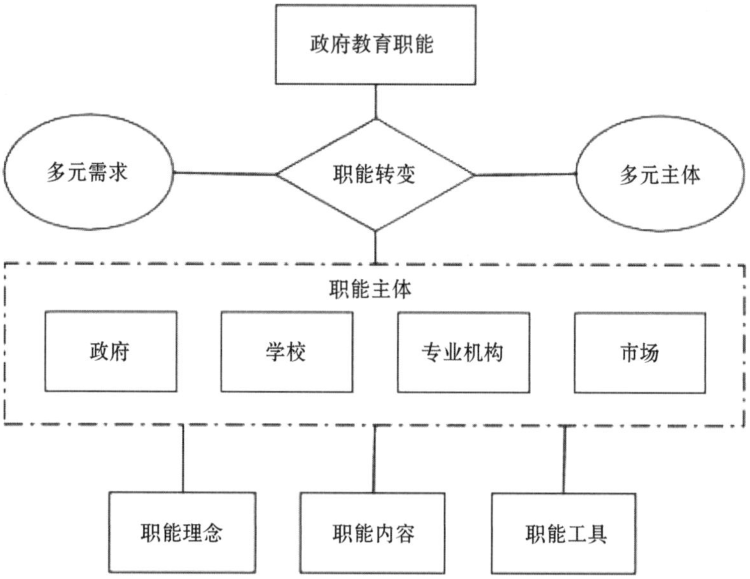

图 1　政府教育职能转化

七、政府教育职能转变

在教育的作用不断被人所认识的今天，要求一个国家的政府放弃其教育职能是不可思议的，取而代之的是国家如何有效行使其教育职能，最大限度地发挥其作用。随着社会主义市场经济体制的完善和教育管理体制改革的不断推进与深入，我国政府与学校、社会的关系也在悄然发生着一些重大变化，转变政府教育管理职能已成为我国当前及今后教育管理体制改革的重点。

当前，国外政府教育职能研究主要集中在教育行政管理体制改革，主要围绕三个领域展开。第一是教育管理体制改革的趋势："放权"与"问责"。如 2005 年日本中央教育审议会发表的《为新时代而重设义务教育》中就提出"通过赋予地方政府和学校更多自主权并鼓励他们创新来改进教育的质量"。美国的《改进美国学校法》和《不让一个孩子掉队法》都要求在给予新型公立学校，如特许学校、城市技术学院等更大自主权的同时，对公立学校加强绩效问责。第二是校外力量对学校管理的介入，美国的特许学校和英国的新体制学校就是特许经营的典型；在法律和政策中确立家长和社区参与学校管理，如 2004 年日本发布的《地方教育行政组织与职能法》将学校运营协议会制度作为公立学校管理体制的一项法定内容确立。第三是政府管理方式的转变：提高公共服务的技术含量。事实上，西方国家近十年来教育管理体制的基本走向是通过放权与问责并举措施推进教育管理体制改革，同时表现出绩效问责透明度提高的新特征：一是问责过程更加透明，二是信息公布更完整。

国内有关政府教育职能转变的研究，在方法上强调理论研究与实证研究相结合，对政府教育职能的内涵、政府教育职能的现状等进行了深入探讨，如张振改(2003)、胡伶(2009)；而且在很大程度上解释了地方政府教育职能转变的一些重要方面，如李巧(2007)、尤莉等(2011)。但是，现有研究仍然没有完全解决地方教育行政组织应如何行使其教育职能，应如何处理自身与其他治理主体间的关系。而且现有研究在以下三个方面依然存在不足：(1)从多元治理主体间关系的视角研究地方政府的教育职能；(2)研究地方政府在教育治理实践中采取的治理策略；(3)研究地方政府在教育治理实践的职能定位。

党的十一届三中全会以来，改革开放的春风吹拂着整个中华大地，在高等教育改革方面的表现尤为突出。这种改革，是一种多层次、全方位的尝试，体现在中央政府与各级地方政府之间关系的改革、各级各类政府与高校关系的改革和高校自主办学的个体化探索。将近四十年的改革实践证明，治理理念对于推动我国高校教育管理改革起到了显而易见的效果。陈思蒙(2017)提出高校改革推动过程中应提升对"民主化"的重视程度，应着力改善政府与高校的关系；实现高等教育的"善治"，促进公共利益的最大化，提高高等教育管理的效率。闫函(2007)提出地方政府高等教育管理职能转变的方向应为理念、组织形式、地方政府调控手段及高等教育运行机制的创新。赵萃(2016)提出高等教育管理改革路径包括：转变政府职能，实现高校自治；加强制度建设，提升管理效率；重视教育公平，平衡主体利益。陈思蒙(2017)提出政府应实现角色转换与职能转变，实现高校自治；创新高校内部管理机制，提高教育管理的效益；营造民主公平的运行秩序，平衡多元利益主体。韩菊红(2014)从鼓励公众参与的角度提出教育公共治理的理想路径：从价值、能力、组织和制度层面来解决。

八、教育效率

高等教育学中对于教育效率的描述，派生于经济学中“效率”的概念，而“效率”的概念的内涵和外延较为宽泛，在学术界还没有获得统一的标准。大多数学者对于高等教育效率概念的认识较多为主观看法和经验判断，缺少来源于数据支撑的实证分析。

一般来说，对于教育效率的概念可以归结为以下几种。

(1)生产效率视角：高等教育效率就是教育投入与教育产出的比例。

(2)配置效率视角：高等教育效率就是教育资源的有效配置。

(3)内外部效益视角：可以将高等教育效率分为外部和内部效益。其中，内部效益是单个高校在办学过程中的投入产出比；而外部效益是高等教育包括外溢效应在内的全部产出与高等教育总投入之比。

(4)从生产角度可以将高等教育效率分为三个层面：宏观、中观和微观层次。宏观效率类似于社会经济效率、微观效率类似于财务收益率、中观概念是单个教育行政地区在高等教育方面的投入产出效率。

(5)不应只考虑教育的经济效益，还要综合考虑教育的社会效益。要突出整体性而不应只在意教育对经济的振兴作用。教育与经济、社会协调发展才能更好地发挥其应有的功能。

我们可以将教育效率总结为：通过调动有限的教育资源，合理优化配置，从而实现最广泛的教育目的的程度。通过概念表述，可以认为：单位教育投入的直接产出数量越多、质量越高，其效率就越高；反之，效率就越低。

九、高校公共治理中的政府职能

随着计划经济体制向社会体制的转变，高等教育学校的管理理念也相应发生了变化。从计划经济时代的大学行政管理模式，逐渐转变为反映社会公共利益的大学公共治理模式。1993 年，中共中央、国务院颁布了《中国教育改革和发展纲要》，明确提出，政府要转变职能，由学校的直接行政管理转变为宏观管理，必要时利用政府行政职权进行干预管理。我国政府对高校的管理职能，应当应用在高等教育事业的发展方向与制定标准上，而并非是对高校的各项事务性工作事无巨细的干预上，政府要适当放手给予高校自主管理的权力。具体来说，高校对政府的职能主要体现在以下几个方面：一是对高校发展方向的规范，利用法律法规监督高校的发展。二是政府通过财政拨款，扶持高校的各项教学、科研工作的开展。三是政府制定评估标准，定期对高校的教学、科研等各项事业进行评估与监督工作，高校在政府的监督下，及时调整发展方向，整改校园问题。四是政府相关教育行政部门制定各级高校设置基准，审批新建高校。五是政府对高校的领导干部具有任免权，任免标准由政府相关教育行政部门负责制定并实行，高校只有服从的权利。

部分学者认为，在不同的理论背景下，政府对高校公共治理中的职能转变具有现实意义。公共治理理论下，政府对高校的宏观调控伴随着政府角色的转变，在管理方面的政策也要发生相应的变化。政府对高校管理的适当放权，是引领高校向着更加自主化办学的方向良性发展。通过公共治理理论重新审视高校的政府职能，转变并构建政府在高校管理中的新角色，如转变观念、建立服务型政府；在治理理念的引导下，对教育进行分权，并扶持教育中介组织等。同时，适时引进市场机制，促使学校资本投入的多元化，减轻政府财政压力，鼓励社会力量支持、参与高校发展。伴随着公共治理理论的深入，逐渐打破“官僚制”，促进高等教育的民主化，政府、高校与社会之间共同建立一种良性的合作关系。

十、教育管办评分离

教育管办评分离是通过引入治理理念，实现政府、学校、社会这一多元主体合作共治过程。在这一动态过程中，宏观调控由政府掌控，依法办学由学校负责，参与评价由社会支持。最初起源于 20 世纪 90 年代工商行政部门与其所办市场的“管办分离”改革，后来，从工商行政部门延伸到出版、卫生、体育、教育等其他领域。“管办评”分离在高等教育管理中盛行，是从 2010 年颁布《国家中长期教育改革和发展规划纲要（2010—2020 年）》后开始的。以下是从 2010 年正式提出高等教育“管办评”分离到 2015 年明确提出管办评分离的行动路线图的政策梳理（表 4）。

表4　管办评分析文件梳理

年度	文件名	文件精神
2010	《国家中长期教育改革和发展规划纲要(2010—2020年)》	开展简政放权，即中央向地方放权，政府向学校放权，形成管办评分离的良好局面
2013	中共十八届三中全会《中共中央关于全面深化改革若干重大问题的决定》	教育要加快综合领域的改革，深入推进管办评分离的教育管理体制的形成，同时要加大省级政府的教育统筹能力与学校自主办学权利，摒弃管评不分家的弊端
2014	中共十八届四中全会报告	再次重申在教育领域要继续深化综合领域改革，实行管办评分离
2015	《关于深入推进教育管办评分离促进政府职能转变的若干意见》	明确提出管办评分离的行动路线图，即明确地厘清政府、学校、社会之间的权责关系，将管办评分离推向实际操作阶段

1.“管办评”分离内涵分析

以前，政府在教育行政管理层面充当“管理者”“主办方”“裁判员”三者合一的角色，这一情况造就了教育管理系统的僵化局面。“管办评”分离的提出，高校将重新获得办学职能，社会力量监督被进一步引入。这一举措的实施对于优化政府、学校、社会之间的关系提出了可行性的建议。经过三方的共同努力，才能形成理想高效的最终目标——开放型高等教育治理体系，即：政府依法治教、学校自主办学、社会科学评价三者和谐的治理局面。

多元主体的定位以及相对分立在“管办评”分离的作用下可以逐渐实现，“政府越位、学校失位和社会缺位”的局面也会有望打破。在此种情形下，政府、学校、社会的角色定位悄然发生了变化，呈现出了新的特征。也就是说，“管理者”——政府统筹高等教育发展、“主办方”——学校自主办学、“裁判员”——社会承担监督和引导发展的职能。

多元主体的职责分工也可以通过“管办评分离”得以明确。多元主体的明确分工，有利于在人才培养进程中最大限度地发挥各自的作用。具体来说，各级政府履行管理职能，承担宏观监管责任；高等学校履行办学职能，确保人才输出质量；社会组织履行评价职能，提升监督水平。

“管办评”分离可以实现多元主体的联动与合作。政府、高校、社会多元主体一直将处于分工、合作、协同和联动的状态，而非完全割裂。政府宏观管理是基础，高校自主办学是关键，而社会评价是提高高等学校办学质量的不竭动力。

2.“管办评”分离的目标、现实困境和机制

梳理政府、学校和社会专业组织之间明晰关系是管办评分离本质需求。而实际上，我国高等教育管理的局面一直是政府越位、学校失位、社会缺位。也就是说，政府既是高等教育政策的制定者，又是高校的管理者，对高等学校内外部实施统一管理，同时还是高等学校教学、科研质量的评价者。政府在高等教育办学中充当“管办评”的综合统一体。

刘佳(2015)提出“管办评”分离的目标是理顺政府、学校和社会的责权关系并依据系统、整体、协同的原则将教育的决策、管理、监督和评价子过程的相互联系进行重构，架构多元主体共同治理的良性结构。这一良性结构的建构需要政府简政放权、教育系统自治、省级政府统筹、公众积极参与的协同机制。袁益民(2016)提出“管办评”分离作为一项改革，其根本目的是通过管、办、评之间关系的调整来更好地保障教育质量，而改革的核心任务是增强评估的独立性、专业性和权威性。孙燕等(2015)提出“管办评”分离实践过程中需要突破的关键点：其一，政府放权与分权障碍；其二，高校自主办学的难点；其三，社会组织评价落后的缺陷。高兵等(2015)提出“管办评”分离的实际困境包括学术上的争议、政策碎片化和实践遇阻碍。周海涛(2014)提出要实现“管办评”分离要做到目标汇合、机制融合和资源整合。根据以上的研究，我们清晰地了解到我国高等教育管理在公共治理理论的影响下正发生着天翻地覆的变革。更多的主体参与其中，政府的管理职能发生转变，多元治理手段也逐渐广泛应用，制度不断创新和完善。这些方面的进展，都为实现最终目标——善治提出可能。

第二节　地方政府在高校发展中的角色

伴随着高校管理体制改革的不断深化，地方政府从多元化治理角色中明确自己的定位，目的是为了促进高等教育更加稳步发展。以下从几个方面剖析地方政府在高校发展中的角色作用。

一、地方政府是法治政府

我国的基本国策必然要贯彻落实依法治国的方针，在法律的指导下，任何行为的发生与理论的论述都要不违法、不越法。在我国高校发展过程中，依法治校是学校教育顺利运行的基础，也是根本保障。依据高校实际情况，制定相关高等学校教育法律法规。地方政府管理本行政区域内的教育事业也必须以相关法律文件作为依据。1995 年颁布的《教育法》和 1998 年颁布的《高等教育法》中明确了地方政府管理教育的职能，同时也对省级人民政府统筹管理行政区域内的高等教育事业作出相应规定。因此地方政府对于高校的管理也属于依法办事的范畴。

地方政府同样可以制定相应的地方法律法规，约束与保障地方高校教育管理，协调关于高校教育管理的诸多事项，调节高校有关于教育的纠纷。我国制定相应的教育法规，政府对高校的管理逐渐从“人治”走向“法治”。地方政府作为本行政区域内的主要执法力量，应当切实肩负起执法执教的责任，保障我国高等教育事业的顺利发展。

二、地方政府是有限政府

在计划经济年代，由于生产条件有限、物质匮乏等原因，国家对于各个领域层面的事务都要统筹安排，统一分配，这个年代的政府基本属于控制型和全能型政府，群众对于政府也是十分依赖。随着我国社会经济的不断发展，人们生活水平的提高也带动了对知识的渴求，因此受教育程度也在普遍提升，人们对于自由平等的追求同时也变得更加强烈。在时代进程中，责任政府理论中提到的有限政府便是公民对政府诉求的体现。在社会不断发展的过程中，有限政府的作用便是为了社会更加稳定地发展，并防止政府的公共权力演变成对公民权益的控制。我国教育管理体制也在顺应时代的改革与发展，逐渐演变成了以地方政府为主的高校教育管理体制。在高校教育公共治理的集成中，地方政府也逐渐简政放权，从微观管理变成了高校内部管理。

在地方政府统筹管理本行政区域高等教育事业的发展中，地方政府作为引领者，对区域高校教育事业的发展作统筹规划，通过对教育政策的制定与法律法规的宏观调控，为高校教育事业的顺利发展提供有力的保障。

三、地方政府是服务政府

中国特色社会主义进入新时代，政府也在向服务型靠拢，这也符合当代社会发展的要求。责任政府理论提到，政府成立之初是为了解决公民的公共问题，而这种职责拥有其本身的服务基本要求。在教育领域里，高等教育公共治理的进程中，政府的这种角色也随着时代的发展进步在不断变化。政府不再是教育资源的唯一提供者，教育投资主体也开始多元化发展。市场与社会也开始参与到高等教育事业的发展中。随着地方政府职能的转变，地方政府逐渐放权，并且为教育事业提供多方投资平台，营造良好的投资环境，吸引更多市场与社会资源共同参与高校教育事业的发展，为高校教育事业发展提供更为便捷的服务通道。

在地方政府统筹管理本行政区域高校教育事业发展的过程中，地方政府通过政策法规等方式，为高校教育事业争取更好的资源服务，会大大促进高校教育事业的高效快速发展。

第三节　地方政府在高校发展中的基本职能

一、地方政府在高校发展中的职能定位

在政府的行政模式中，可以归纳为统治行政、管理行政、服务行政三大类。在社会的发展进程中，各个行业均出现公共理论的应用。党的十八大也提出，国家要推进治理体系和治理能力现代化。公共治理理论的特点是公共主体的多元化、民主

化、合作化，公共治理的目的是使公民的利益最大化。公共治理的方式是以服务型理念帮助多元主体进行公共事务的管理。政府不再是绝对的管理者，而是扮演引导者、协调者出现在公共事务的处理中。服务型的政府也是顺应时代发展而出现的，具有公共性，政府拥有的权力为社会大众的公共利益而服务。1998 年《中华人民共和国高等教育法》的颁布，从法律层面确定了高等教育省级统筹权。1999 年国家出台了《中共中央　国务院关于地方政府机构改革的意见》中指出，省级政府应当切实履行职责，加强对本地区社会、经济等领域公共事务的管理与安排，重视公共服务与公共利益。《国家中长期教育发展改革和发展规划纲要(2010—2020)》中提出，要不断完善高等教育管理体制，以省级政府为主要领导者和管理者。2014 年《关于进一步扩大省级政府教育统筹权的意见》中确立了地方政府拥有更多高等教育管理权限。从地方政府管理高等教育的性质来看，地方政府具有管理性职能与服务性职能。

区域高等教育的发展中，地方政府的管理性职能在于统筹规划本行政区内与高校的相关事宜；协调政府、高校与社会三者之间的关系，加强地方政府的宏观管理，发挥政府的职能，贯彻落实政府的相关政策法规，增强高校的办学自主权，并鼓励社会积极参与；从实践中总结经验，不断调整与优化地方政府在区域高等教育领域的管理职能。

在地方政府统筹区域高等教育事业的发展中，地方政府的服务性职能可以更加合理地配置高校教育资源，加强对高校的监督与评估，制定有效的高等教育政策。地方服务型政府可以更好地促进高校的发展。

二、地方政府在高校发展中的基本职能

地方政府在高校发展中的基本职能从本质上来说，是实现教育事业利益最大化的合法起点与最终归宿。地方政府在进行公共管理事务时承担的职责和任务都是为了高校教育事业的发展而服务。地方政府的行为是为了保障高校管理事务的正常运行，保障社会公众享有平等的教育权利，为社会公众解决关于教育的公共事务。在我国高校教育发展进程中，地方政府的职能逐渐从“垄断”到“放权”，这种质的变化实现了地方职能的基本转变，也是地方政府在高校发展中的基本职能体现，并且

随着时代发展一直不断地调整与优化。

在地方政府统筹高校教育事业的发展中，不仅要保障高校教育进入良性发展轨道，而且在其发展过程中，要做到适当放权，不能全权干预。地方政府在高校发展中的基本职能可以分为以下几个方面：首先，国家法律法规赋予了地方政府的法定职能，在高校教育事业发展的进程中，制定地方化的法律法规，并通过不断完善教育立法，实现依法执教的目标。其次，地方政府的主要职能是对高校教育进行合理的规划，保障高校教育事业的顺利发展。从区域管控上做好社会与市场经济对教育事业的介入，从发展方向上为高校公共事务进行指导。再次，地方政府在高校发展中的职能是处理协调高校与外部环境的关系，做好政府、高校、社会三者之间的“疏通”。最后，在地方政府对高等教育管理的宏观调控下，在不对高校过度干预的条件下，通过教育评估和监督的手段，保障高校教育的质量，明确高校发展的方向。

1. 宏观政策引导

从世界高等教育发展经验来看，政府在高等教育管理中起到指导与引领作用。公共治理理论认为，有效的政府必将是善治的政府。政府对高校进行管理时要利用政策引导高校的发展方向，用法律法规规范高校的行为。我国政府通过制定高等教育政策，引导高校制定发展目标，把握高校发展方向。2010 年，政府颁布了《中长期教育发展规划纲要》，针对近几年教育发展中存在的高校扩大招生导致的办学质量不佳、教育投入经费不足等问题，提出了今后高等教育发展的方针，即全面提升高校培养的人才质量、提高教学与科研水平、加强高校的社会服务水平，全面实现高等学校教育体制改革，努力做到及时调整并完善高等教育学校的管理结构。

高等教育的政策是国家意志在高等教育领域的体现，高等教育的发展是以政府新政策为特征，不断跟随社会发展而进行改革和完善，高等教育的每一次改革都伴随着一种政府政策的实施。在高校公共治理过程中，新政策的制定是为了摒弃在过去的社会规范下产生的与社会脱节的发展，而建立起新的社会规范与准则，更加适应当今社会的发展。高等教育政策能够规范公共治理模式下的高等教育行为，使高等教育沿着社会与经济发展的方向顺利进行。有西方学者认为，高等教育系统是多层次的复杂系统，从管理体制的角度上来看，确实如此。高等教育系统涉及各个层次与各个部门之间的协调与管理权限的设定；从工作内容上来看，高等教育系统包含教学、科研、思想政治教育等方面;从高等教育系统涉及的人员来说,有教师、学生、职工,同时还包含高校组织领导部门的工作人员。只有政府明确政策法规,才能协调好国家、集体和个人三者的利益关系,促进高等教育的可持续发展。

2.教育立法,依法治教

依法治教指的是利用法律手段对学校进行规范化管理,保障学校师生的合法权益,在出现教育纠纷时,利用法律武器进行学校利益的维护,促进教育事业健康化、法制化的发展。自改革开放以来,我国先后制定了一系列关于教育方面的法律法规,如《教师法》《教育法》《高等教育法》等,这些法律的颁布与实施,规范并保障了我国高等教育行政体制、高校内部管理体制的顺序运行,政府在维护高校自主权方面也作了相关规定,政府对高校的管理从"人治"走向了"法治"。1993 年颁布的《纲要》要求我国高等教育学校要切实改革办学体制,努力实现自主办学,逐步建立起以政府办学为主体、社会各界共同办学的体制。1995 年《教育法》的顺利通过,代表着我国对教育领域的重视程度已经上升到国家法律的层面,同时也标志着这我国法制建设进入了一个崭新的发展时期。《教育法》的颁布与实施,促进了我国教育领域的发展与改革,对于实现我国社会发展的战略目标有着重要的意义,同时在保障国民经济稳步发展的同时,大力发展教育事业,也体现了我国对于人才培养的重视程度。从 1997 年至今,政府通过高校扩招拉动经济增长成为重要的发展政策,加大了公共教育财政体制改革力度,在此阶段,我国采取的仍然是"地方负责、分级管理"的教育行政体制,但是对政府对高校管理的方式有了进一步的规定。

重视依法治教的作用,可以有效推动高等教育事业的稳步发展。首先,依法治教有利于平衡政府与高校之间的关系。从世界高等教育发展历史来看,政府与高校之间存在管理上的诸多矛盾,政府的过多介入也是高校难以实现自主化发展的主要原因。但是法律的出现,从一定程度上起到了调解此矛盾的润滑剂作用。如我国《高等教育法》中明确规定政府对高等教育的宏观管理,同时还规定了高等学校所享有的办学自主权。通过制定相关法律法规,政府将教育领域的政策渗透到实际运作中,切实把控高校的发展方向,而高校通过贯彻执行政府制定的法律和决策,以此获得政府的财政支持。国家通过立法的方式,将高等教育纳入整个国民教育体系之中,使高等教育的全部活动与政府的意愿相一致,以便更好地发挥高等教育在整个社会发展中的作用。其次,依法治教对政府而言可以很好地规范高等学校的各项活动。高等教育学校作为整个教育体系的最高层,已然拥有自身的发展规律,高校管理过于自主化,会难以适应社会整体的发展。例如,我国《高等教育法》中提到“加强高等学校同企业之间的协作”,保证了高等教育与生产实践的紧密结合,加快了技术人才的培养。从宏观层面上来看,高等教育行政法规强化了高等教育与社会经济生活的紧密结合,高校在国家法律的保障下稳步发展,同时也利用法律保护自身的合法权益。但是随着市场经济不断发展,政府对高校管理的诸多介入,导致高校的自治权受到了极大的影响。因此《高等教育法》明确规定,国家依法保障高等学校中的科学研究及其他文化活动的自由;高校实行校长负责制,校长为学校的法人代表。依法治教对高等教育的发展有重要作用,市场经济机制下,完善依法治教是我国政府管理高等教育的重要内容。

3. 多方投资,加大教育投入

高等教育发展最主要的投资来源是政府财政拨款,政府已然成了高等教育最大的投资者。而政府对高校的拨款是要求高校为国家发展提供服务。正如美国学者菲利浦. G. 阿特巴赫所指出的:高等教育增加的资金中大部分来自政府,这就增加了政府和公众对学术机构如何使用他们所提供的资金这一问题的兴趣,因而要求对大学的目的和经营加以更大的控制。新中国成立以来,我国高等教育宏观管理体制主要以政府集中管理为主,在资金投入方面也都源自于政府财政拨款,这一举措有效控制了高校为政府服务,向社会不断输送人才。随着市场经济体制的发展,政府的这种拨款方式也需要改革。1993 年《纲要》中指出,针对高等学校财政拨款机制改革要充分做到“因校而异”,不同地区的不同高校对于教育资源与教育经费的需求大不相同,例如,偏远地区教育经费比较匮乏,在财政拨款上适当考虑高校自身发展情况,通过实地调查等手段,最终决定拨款标准,在实质上通过国家财政支持,扶持高校的正常发展。拨款方式的改革从以学生人数为基准的办法逐步转变为基金制。总之,高等学校在学校的经费上仍需政府的拨款支持,因此高校各项管理事宜也应由政府进行控制与管理。

我国政府加强高等教育的投入主要考虑以下几方面的因素:首先,从公共利益出发,努力协调社会与高校的发展,充分发挥政府作为公共权力代表的作用。高校是输出各个领域人才的地方，因此高校的发展于国家和社会而言都是非常重要的，在教育经费的投入上，政府首当其冲承担责任，政府对高校教育经费的投入额度应当与社会公共利益相适应。与此同时，高等教育的发展也必然是依托政府的指导与管理。其次，充分发挥政府拨款渠道的作用，及时补充个人、企业单位对高等教育投资的不足。在市场经济体制不断发展的前提下，高等教育具备的自身特征决定了企业与政府投资的领域和范围。个人和企业对教育的投资是有限的，因此国家与政府的集中财政投入占据高校经费来源的主导地位。政府为整个教育所投入的资金充分发挥了国家投资主渠道的作用，同时保障了整个教育行业的正常发展。最后，政府充分发挥维护“社会公平”的作用，实现高等教育的机会均等。在现代社会中，高等教育产生的经济价值不仅仅体现在国民收入上，也表现在个人收入的增加上。政府的财政拨款，帮助低收入家庭的学生可以平等地接受高等教育，在就业上，收入的差异取决于个人才能水平的差异，而并非因家庭困难无法接受高等教育而产生的收入差异。因此学生均等的就业机会是政府给予的，也是政府通过财政拨款渠道实现的社会公平。

4. 加强教育评估，确保办学质量

政府对高校的管理体现在高校事务的多方面，从高校的办学、招生工作到高校的教师任教、评估监督等，在高校的管理体制中，政府占据重要的位置，这也体现了政府集权管理模式长久以来“控制”高校的一切事务。1990 年颁布的《普通高等学校教育评估暂行规定》中明确指出：高校评估工作由国家教育行政部门进行标准的制定，并且由各级政府组织施行。2004 年，教育部正式成立了具有独立法人资格的行政事业单位“高等教育教学评估中心”，此单位主要针对的是高等学校的教学评估。具体评估内容是依据国家教育方针与政策，建立科学、合理的评估指标，通过实地调查与评估数据的整理，对信息进行定量分析，逐渐形成对高校的办学各个方面的综合考核评价，其中包括高校的办学条件、办学水平等。目前我国高校实行的是五年一轮的评估制度。

教育评估是高校发展中必不可少的环节，也是检验和督促高校发展的主要方式。

首先，教育评估可以增强高等学校办学的动力，使高校做到定期自检，及时发现问题并解决。按照国家规定的办学标准和人才培养的基本规则，教育评估要严格遵守国家标准，在相关主管部门的监督下进行，高校通过系统的完整的自我评估，根据鉴定结果的不同，扬长避短，以提升高校整体教学质量、提高办学条件、增强办学效益为最终目的，全面改进与完善教育管理体制。

其次，教育评估可以使高校主动适应经济、政治、文化、科学的发展需要，加强高校与社会的联系。教育评估要求学校通过用人部门对毕业生的反馈信息，反映学校办学水平的意见以及社会对高等学校的要求，进行教育工作的改进，提升教育质量，更好地为社会主义建设服务。如《中国高等教育评估》杂志于 2002 年刊登了《中国大学评价》课题组的研究报告，该研究报告“以对社会的贡献为唯一衡量标准”，对全国 600 多所本科大学，400 多所本科大学的研究生院（处）进行了排名。同时还首次发布了全国各大学 11 个学科门类共 256 个本科专业、365 个研究生专业的排名。

最后，教育评估还有利于教育行政部门反思对高校的管理工作，加强对高校的监督、指导，实现决策的民主化和科学化。任何一种有效的教育指导和教育决策都以系统可靠的信息为主要依据，以科学而综合的价值分析为基础，不断进行调节、控制、决策的管理过程，所有这些和教育评估都息息相关。因此教育评估可以使教育行政部门对高校的教育质量、办学等方面进行全面、准确的了解和监督，从而为决策的发布与实施提供可靠的依据。

第四节　地方政府高校职能转变的现实分析

一、行政管理与学术管理本末倒置

在当前高校权力体系中，学术权力受到行政权力的“领导”，难以发挥自身的作用，也无法实现学术本身的核心价值。高校内的各项事务，均由校内行政部门进行监督与管理，教师在教学与科研方面的发挥空间非常有限。因此高校行政管理与学术管理之间的关系严重背离了高校作为学术组织的发展。

二、高校领导任免机制缺乏竞争性

中国的高等学府有两种，一种是普通高等学校，由政府主持并统筹管理；一种是独立院校和民办高校，由除国家以外的社会组织或者个人举办的。由政府管理的普通高等学校，政府对于高校的领导具有任免权力，这种领导选举制度相对缺乏一定的竞争性。目前我国高校的领导由政府相关行政部门负责，因此不具备高校法人资格，由于我国高校的领导任命属于干部人事制度，与国家其他行政机构的人事安排大致相同，因此这种管理模式不利于高校的人事制度改革，而且会使高校不断朝着“官本位”的行政氛围发展，逐渐偏离高校独有的学术氛围。

三、高校董事会没有实权

自计划经济以来，我国教育投资形式是靠着国家或者地方财政的拨款，但是政府的财政拨款非常有限，伴随着各地高校的数量增加，各地高校经济能力有限，因此在高校各项事务的开销上仅仅靠政府拨款明显不足以维持高校的正常发展。而且高校在教学、科研等方面都需要经费的支持。在高校经费不足以满足学校正常开销时，通过高校董事会解决高校经费的问题是首选，但是在当下高校的实际运作中，高校董事会的功能已经不像建立之初那样，其职责与权力如今仅限于对筹集高校发展基金、拓展社会资源等方面的作用。高校董事会的职能被弱化，因此其优势与作用也没有得到充分的发挥，高校董事会在某种程度上已经形同虚设。

四、内部机构膨胀，效率低下

虽然，高校对内部行政机构与职能进行了不断调整，但是一直没有被有效地改善。高校行政机构改革的问题便是精简—膨胀—再精简—再膨胀，如此恶性循环最终导致的结果便是行政机构层级越来越多，行政人员也越来越多，工作效率却越来越低。与此同时，这些行政人员的工作绩效考核仅仅是一种形式，高校对于行政人员的聘任与薪酬的发放方面没有很好的制度与标准规范，因此对于这部分行政人员的工作考核没有实际标准可以依据。另外，部分高校存在行政机构的设计不合理、岗位责任不明确、职员配备混乱等现象，直接导致了工作效率的低下。同时参与高校行政部门的工作人员责任心不强、缺乏服务意识，这也是导致行政部门层级多效率低的原因之一。因此，在高校内部推行全新的管理理念，必须从行政人员的思想观念入手。

五、教育中介机构功能的缺位

2003 年，我国教育部决定每五年对普通高校进行一次评估，使社会及时客观了解我国高校的办学情况。自此开始对我国所有普通高校进行教学评估，以此来督促高校的办学与教学水平的提升，同时高校通过评估过程与评估结果，及时发现在发展中存在的问题并予以积极解决，通过评估，也有助于社会大众对高校办学条件、教学质量等情况进行全面的了解。教育部也计划成立“中国高等教育评估中心”，由其对高校进行评估，而《教育法》《高等教育法》中也明确了关于教育评估制度的细则。教育行政部门与教育评估中介机构的合作，有利于高等学校进行监督、评估工作的开展，可以促进高校的办学质量提升，并且，将评估结果向社会公示，代替政府监督高校对教育政策的实施。评估中心在教育部的支持下对高校开展评估工作，并为学校提供一定的支持与保障，在这种形势下的第三方是可以承担政府的一部分责任，同时对高校的自主化发展有着重大的推动作用，而且评估中心所提供的评估结果是具有法律效力的。

我国多数教育评估机构对高校评估标准存在一定的差异性，并没有根据地区差异或者高校的发展差异进行个性化评估，这样的评估结果缺乏公正性，同时也阻碍了高校的多元化发展，评估结果没有在实质上解决高校教育资源配置不足、人才结构配置比例失衡的情况。当务之急，政府应当加强高校评估法治建设，对《教育法》和《高等教育法》中关于评估的条款进行适当调整和修改，指明正确的评估方向，并通过法律法规对教育中介机构的评估内容、程序与形式等方面进行约束与标准的制定。

我国国内有学者对《中国大学评价》的评估指标体系进行分析，结果发现其只是对结果进行评估，没有重视评估过程，导致评估结果缺乏真实性，没有完全反映高校的真实情况。《中国大学评价》在信息的收集上采用纯粹的定量方法，但是高校在进行复核时，并没有考察到这些数据与学校软环境之间的关系。美国的中介组织机构对大学进行评估时，通过整理学校的各项数据，分析数据之间的联系，并根据评估细则中的标准对大学提出意见，指导大学及时补充更正不足；加拿大的教育评估机构在进行评估排行时，会在公示数据之前征求学校的确认，以求数据的真实性；英国的评估机构在进行评估时，首先要对原始数据进行核实整理，将初评结果交由学校核实，经过核实后，再对数据进行对照分析排名。通过对比发现，我国的教育评估机构在具体操作中，存在诸多不建全的因素，有待于进一步完善。

第五节　公共治理理论对地方政府高校职能转变的可行性探讨

一、时代背景相同

随着我国知识经济的不断发展，公共治理理论在多个领域的不断深入，高等学校的发展也顺从社会发展的大方向，对内部管理机制进行改革创新，并以科技化、信息化的改革路线为主，以适应复杂多变的社会环境。但是就现如今高校的管理模式来看，仍旧是以人工管理的方法为主，管理效率低下。只有认真分析当下我国高校行政管理工作的现状，制定有效的改进措施，寻求地方政府对高校职能转变的路径，才能及时发挥高校行政组织的管理职能，加快高校管理信息化的集成，合理利用高校资源，促进高校朝着更为科学的方向发展。

二、教育改革目标相同

我国在 2003 年 10 月召开十六届三中全会时提出了对全国教学系统的发展进行宏观调控的重要举措。十八届三中全会提出，要以当前经济形势为基本出发点，坚持和完善基本经济制度，加快和完善文化产业管理体制和经营机制。欧洲等一部分发达国家对于高校的管理模式是从 20 世纪便开始进行的教学改革活动。综合来看无论是国内还是国外，教育事业的发展与管理都离不开国家的经济体制大环境的影响。我国目前的经济实力较部分发达国家仍存在一些差距，因此，加快文化体制改革，积极建立健全现代公共文化市场体系是当下我国教育事业发展的主要方向。

第六节　公共治理理论对地方政府高校职能转变的借鉴意义

公共治理理论在高校管理中的应用，主要体现在地方政府对于高校管理事务的适当放权，避免大包大揽的管理模式，阻碍高校的自主化发展。政府与高校之间的关系要理清，管理职责要明确，政府要逐渐从微观的管理转换成为宏观的统筹指导，充分将部分权力下放给高校自身，让高校拥有独立自主的地位。除此之外，还要改革高校领导选拔体制，由原来的政府统筹任免，过渡到高校自主招聘和评估，而并非选出一个纯粹的"行政领导"。以下从两个方面阐述公共治理理论对地方政府高校职能转变的借鉴意义。

一、行政部门与教育主体的关系权衡

从政府职能的角度上来看，政府主导的改革所遵循的规则是以政府确认改革形式为主要内容，通过传达上级决策与建议，带领下层各个部门的相关工作人员贯彻学习并执行。而在高校中，以往的政府职能往往成为了牵制高校自主化发展的重要原因。公共治理理论倡导政府适当放权，给予高校应当有的自主化办学权力，并鼓励社会各界共同参与监督高校的办学与政府的工作。在这种理论倡导下，政府职能的转变要以梳理与高校之间的关系为首要前提，使政府相关行政部门逐渐减少对高校管理事务的过多干预，努力使高校实现自主化的发展状态。学校既然要成为独立的主体，摆脱对政府的依赖，但又不能完全脱离政府的管理，在高校各项经费来源之外的其他事务上还要依附于政府的支持与监督。高校的改革方向应当从行政管理职能转变到市场主导与政府管理相结合的方式，国家行政部部门在行使管理职能可以做到清晰职责、恪尽职守、适度放权，高校对政府的管理产生的依赖已存在较长时间，因此在地方高校的教育模式出现问题，或者高校的管理出现混乱的不良影响发生时，政府会依据相关法律法规，或者利用职能权力对高校进行接手管理。在公共治理理论下的政府职能转变，是要从原来的行政部门单一办学模式逐渐变为政府为主、社会参与的多元化新格局。

二、拓宽高校领导选拔制度

任何一个组织机构，领导占据核心指导地位，高等教育机构也同样以学校的最高领导为主要核心作用。学校的重要性关乎教育事业的兴衰发展，因此学校最高领导人的选拔与任用也是一项关于学校发展的重要决策性问题。作为学校的最高领导人，不仅仅需要具备一定的执政管理能力，还要具备深厚的文化内涵。我国高校校长的任命历来都是由政府相关行政部门负责，但通过这种政府任免的方式上任的高校校长，在高校的教学、学术研究上更注重政府官员的意愿，缺乏学术专业性，同样也会使高校的教师、学生等无法自主发挥其应有的作用，严重制约高校的自主发展。由于政府与高校的管理关系定位错误，出现了学校内部行政权力与学术权力之间的不平衡，高校虽然归属政府行政管理，但是高校终究属于教育组织，属于学术性组织，因此理所应当有其发展学术的自主权。近年来，结合中国发展的实际情况，一些高校尝试领导选拔任用制，即在党和国家的宏观指导下，设立学校领导班子委员会，从学术发展的基础出发，学校行政部门、社会团体及校方教授、师生代表共同参与，集中团队力量，合力推动高校的发展。对于高校的管理以及发展方向提出具体思路和实施方案，各方全力配合，避免个别专权现象的出现。对于高校领导的选任相比之前的传统受任制更为公开、公平，面向社会全面发布招聘信息，通过校长选举委员会的严格筛选，最终确定候选人，提交至上一级行政管理部门，通过讨论、审议等方式最终决定新任校长。

第三章
中国高校政府职能转变的历史沿革

第一节　晚清时期的政府职能

在近代,我国的高校在建立之初便受到政府的严格管控,由政府直接管理高校,学术人员参与学校管理的情况几乎没有。由于所处的历史时期不同,社会发展与环境变化具有差异性,政府作为高校的举办者与管理者,对高校管理的侧重点与管理内容也各不相同。

历经了260多年的清王朝专制统治,清政府对于社会资源配置的掌握随着半殖民地半封建的社会现状而随之消失,彻底沦为形式上的政治独立。在外侵内乱的年代,一种"师夷长技以制夷"的洋务派主张的思想应运而生,拯救了中国的教育,并且该思想主张将教育体制改革作为国家发展的重中之重,中学为体,西学为用。我国近代高校是在国家内忧外患的状态下建立的,并且是为了摆脱国家这种困境而设立的,同时也表明早期洋务运动"师夷之长技以制夷"的实践,同时也是我国对于西方教育的推崇开始的阶段。近代大学诞生之初,也是洋务运动的时期,在此阶段举办的专科学校在多种层面都向西方科学方面进行靠拢,学校举办的根本目的都是为了学习"洋文""洋枪、洋炮""洋机器",在当时看来一切跟"洋"有关的物品都是值得推崇的。而洋务运动的领袖们主张建立的学校便是可以学习到任何关于“洋”的东西。在这样的背景下成立的大学没有独立地位，只是晚清政府的附庸。

张德翔教授将近代中国高等教育的产生与形成过程分为三个阶段：第一阶段是京师同文馆的建立，它标志着中国高等教育的产生与形成；第二阶段是京师大学堂的建立，它是中国大学最初的形成模式；第三阶段是《癸卯学制》《壬寅学制》的颁布，标志着我国高等教育逐渐走向制度化的发展时期。

从创立之初，我国近代大学几乎都是在政府的干预之下进行运作，从招生工作到教学的安排，甚至教学内容的制定上，都受到政府的管制。作为中国早期的高等专科学校雏形——同文馆来说，当时的洋务派领军人物奕訢向清政府提出了在同文馆增设天文、算学馆的请求。他认为天文、算学等学科的知识是机器制造的根本，奕訢对西方科学技术的精髓体会如此之深，在当时来说是非常先进的思想，这个诉求起初得到清政府的认可，但是随后在招收学员上却遭受了巨大的阻力。其中包括以大学士乌齐格里・倭仁为首的一批顽固派封建高层官僚的反对，因此直至最后，以奕訢为代表的革新派主张也没取得成功。在此之后，戊戌变法中的领袖人物康有为、梁启超等人，将中国病入膏肓的状态归结于教育的欠缺、学术与技术的落后，因此他们认为，改良中国的教育才是拯救中国的唯一方式。维新运动期间，1898 年，光绪皇帝接受了维新派的主张，因此有了京师大学堂的建立。它不仅是由光绪皇帝亲自下旨建立，并且是我国近代历史上设立的第一所国立大学，京师大学堂的建立，是我国近代大学教育的里程碑，标志着我国大学教育在历史中的正式开始。之后在中国整个教育体制中，京师大学堂依然处于统治地位。在 19 世纪 90 年代末，京师大学堂作为清政府的统治工具存在，表面上是大学教育的管理者，实际在大学课程的设置、教师的招聘、招生的具体事宜以及大学生毕业的就业安排都受到清政府的监督与掌控。京师大学堂具有双重角色，既是代表教育的最高学府，同时又是清政府安排在教育领域的棋子。作为中国最早的大学，自建立之初，就具备国家行政机关的功能，不仅对学校各项事务进行管理安排，同时还要监管全国各省的教育行政和学堂。京师大学堂是由官学大臣、总教习共同监督管理并领导工作。实质上，学术权力受制于清政府的行政权力，学术权力对于学校的大多数事宜是没有管理权限的。晚清时期的官僚主义对大学管理权的专制，正如过去国子监的管理模式一样。

第二节　民国时期的政府职能

1911年，辛亥革命推翻了腐败的清朝统治，建立了中华民国。一批又一批的资本主义倡导者将西方教育思想以开展文化运动等方式引进中国，逐渐在中国社会形成一种以西方资本主义思想为主要教育理念的教育体系。在当时，“大学自由、学术自由”的观点倍受推崇，在民国时期极为盛行，那时的大学都是以学术自由精神为主要教育理念，同时这也标志着大学在中国的建立。

说起中国的高等教育，不得不提到蔡元培先生，他是我国高校学术自由的倡导者和躬身践行者。早年的求学生涯中，蔡元培先生在欧洲度过了很长一段时间，他接触到的是先进、民主的教育思想，而正是欧洲的这种教育思想深刻影响了蔡元培先生对教育的理解，而蔡元培先生最为推崇的便是德国的教育氛围。他认为，德国教学科研的学术氛围较为民主自由，并且蔡元培先生将这种学术自由思想进一步确立为中国现代大学的办学基础，身为中华民国教育总长的他，将中国的高等教育推上了一个全新的台阶。蔡元培在任北大校长期间，提出了对后世影响深远的“思想自由、兼容并包”的八字方针。事实也证明，在以后的治学过程中，蔡元培切实履行八字方针的教育思想，他的每一项决策都是在此基础上做出的。无论是大学自治的倡导，还是关于教授治校的切身实践，都深受八字方针的思想引导，包括高校推行统一的学术改革也同样如此。此外，蔡元培的学术作品中也论述了自己的思想。《教育独立议》是蔡元培的一篇旷世文章。在这篇文章中，具体阐述了关于“教育独立”的思想，而这一思想也正是蔡元培一直以来坚持和不断实践的并且在治校治学过程中得到良好反响的。该思想具体体现在以下几点：第一点，教育是为了培养人才，而并非为行政而服务，因此不应受到党政部门或者各派教会的影响，坚持做好教育为第一目标，将高校的管理权力交由高校本身，保证高校的独立自主发展。第二点，高校的校长应当由大学教授组成的高校委员会进行评选，而并非政府指派行政部门的领导，让不懂教育的人来引导教育行业的发展本身就是不合理的。高校的事务应当由高校委员会或者高校内部的管理职权部门进行管理工作。高校的教育委员会要主持大学中的所有事务，并且提倡要“教授治校”。第三点是实行选修制度，调整各个科系的设置；第四点则是他认为大学想要做到真正的自治和独立，这与拥有能够自主分配的资金是密不可分的。他认为，办学经费应当由教育机关进行保管。

20世纪前半叶，由于外敌的入侵，导致中国长期处于战争的状态，动荡不安的社会局势使时任政府放松了国民的教育问题。此时，在各国教育理念与多种教育管理方案的充斥下，各大学结合过去的办学传统，在结合自身学校的办学实际情况的基础上，逐渐形成了独有的办学特色。在高校管理中，大学教授逐渐获得了相对自由的学术管理，并且拥有了部分自治权。中国的大学在如此战乱的年代完成了一次蜕变，这都得益于它可以按照自身的办学理念进行发展。然而，此时的“大学自治”与当时的政府并无多少关联，究其原因便是此时的政府没有额外的精力去管理大学。高度的社会责任感不仅让大学自主发展，同时也让大学带动学生承担起民族的教育重任，这一时期的大学获得了相对的“自由”，同时也在社会的经济与军事上付出了巨大的努力。

总体来说，民国期间，大学的内部管理体制正在逐步发展，结合自身社会发展与西方国家先进教育理念，不断完善大学各项体制。特别需要关注的是在20世纪初期，由于军阀割据、连年混战，时任政府对于教育机构也无暇过问，使得大学出现了相对自由的发展阶段，与此同时也涌现出了一批像蔡元培等的教育家。正如许美德所言，“只有在这一时期，这种具有自治权和学术自由精神的大学才得以在中国真正的建立”。这个时期的教授会、评议会、董事会从制度上明确了大学内部管理中学术权力所占据的重要作用。然而，时任政府和民国政府依然沿袭封建时代的政府集权管理，对高等学校实行严格控制，严重阻碍了高等学校的自主化发展，同时也遏制了高校的创新改革，高校学术自由权力的实施愈加困难。

第三节 新中国成立后政府职能的历史沿革

随着新中国的成立，国家对于发展教育事业越来越重视，大力培养社会主义建设性人才，提升全民文化素质是新中国建立之初迫在眉睫的任务。我国高等教育发展史经历了从机械模仿苏联到偏离苏联模式，从国家大一统的一级管理到两级管理，从“踢开党委闹革命”到“党委领导下的校长负责制”，从“关起门来办学”到不断改革前行，我国高校经历了下面几个阶段的发展过程：

一、新中国成立以来的三个阶段(1949—1978)

新中国成立以来，我国政府以计划的形式，一步一步对封建社会沿袭下来的教育体制进行系统改革。改革主要为了解决两大问题：一是对教育制度、教育内容、教学方法以及改革步骤的确立与实施；二是关于高校的领导权问题。总体来讲这一时期的高校管理主要表现为中央集权的特征，各项工作的开展均由中央统一计划。这一时期的改革分为三个时间段。

1. 中央统一管理阶段：

新中国成立初期，国家对各个行业都展开了接管与改造工作，也包括旧中国的高等教育。这项工作的开展主要是让我国的高等教育尽快摆脱帝国主义和官僚主义的掌控。在对高校接管的过程中，我国中央政府采用一系列手段对高校进行社会主义改造，我国政府为了彻底掌控高校的发展，对高校实施了中央集权制管理模式，从根本上介入高校各项事务的管理工作。

1950 年 5 月，政务院颁布了《各大行政区高等学校管理办法》，确定各大行政区的高校由中央教育部直属领导。高校各项重要决策必须由中央教育部统一规划，各大行政区教育部与文教部同样适应地方性规定进行各项事务的执行。关于高校的教育方针、各项政策、学校发展方向、教育模式，甚至连教学内容与教学课程的安排都是中央教育部直接管辖、统一规定，高校只作为执行者，服从一切安排。

1950 年 7 月，政务院在《关于与高等学校领导关系的决定》中提出，全国高校“以由中央人民政府教育部统一领导为原则”，各大行政区人民政府、军政委员会、文教部均可根据中央规定领导本地区高校。

1952 年 11 月，高等教育部成立，专门负责高等教育的管理工作，次年 5 月，政务院颁布的《关于修订高等学校领导关系的决定》指出，全国高等学校必须贯彻执行高等教育部颁发的有关于高等教育的决策、计划等。这一“决定”的提出，明确了政府相关教育部门在高校管理中的地位，同时也使高校的管理工作细则更加明确。自此之后，全国各地纷纷响应此项决定，严格遵守并对高校实施集中统一管理。

1955 年，借鉴苏联高等教育管理体制改革，全国 227 所高校全部由高教部和中央其他业务部门直接管理。这是一次全国性的、大规模的前所未有的院校调整。从这次院校调整可以看出，一方面是中央集权式的管理，可以确保我党对高校的统一指导工作，可以保证正常的教学秩序；另一方面通过这种管理模式的长期实施，弊端逐渐显现，中央集权管理模式的过分强调阻碍了高校自主办学的积极性，同时也会导致政府与学校之间在管理层面产生诸多矛盾，不利于高校的长期发展。

1956 年 4 月，毛泽东指出："应当在巩固中央统一领导的前提下，扩大一点地方的权力，给地方更多的独立性，让地方办更多的事情。"自此中国逐渐意识到苏联教育管理模式给我国高等教育发展带来的羁绊，国家逐渐开始尝试适当放权给高校，高等教育管理权在国家高等教育部的领导下开始下放工作，至此，我国高等教育体制改革工作进入休整时期。

2. 中央与地方分权管理阶段

高等教育在这一阶段实现了调整、巩固与提高。1958 年，关于高校的隶属关系开始有所调整，部分高校由各省教育厅或者高教局的所在政府管理。1958 年至 1960 年，随着我国政治与经济领域在管理权限机制方面的不断扩大，高校也从中央集权管理逐渐统一到省、自治区、直辖市直接管理。1963 年，国家颁布了《关于加强高等学校统一领导、分级管理的决定(试行草案)》，明确了高校实行中央统一领导、实行中央和地方两级管理制度，这一决定一经实施，在一定程度上调动了地方办学的积极性与主动性，同时也标志着中央与地方两级在办学管理体制方面的形成。

中央与地方分权管理阶段共分为两个标志性阶段。第一阶段时间是以权力下放、地方管理为主。国家对中央和地方管理权限的调整始于 1958 年，颁布的《关于高等学校和中等技术学校下放问题的意见》规定：将少数综合类大学和部分中等技术学校归于有关部门直接领导，其他高校均属于省级地方直属领导。同年党中央国务院颁布了《关于教育事业管理权力下放问题的决定》，提出了教育管理体制的改革事宜，依据中央集权与地方分权相结合的原则加强地方对教育事业的领导管理。教育部联合其他相关部门对于高等教育的管理工作进行了调整，调整工作包括各个相关教育部门对中央下放的一系列相关方针政策的研究和贯彻执行。通过这次调整，多数高校管理权按照规定被下放到各个省、市、自治区，少数高校保持原有管理机制，归属中央集权管制。此阶段的高校管理工作虽然有了明确的界定，但是在管理体制方面仍然以分散为主。中央集权管理模式的改变，对调动地方办学积极性有一定的促进作用，但是这种权力的下放对我国高等教育事业带来了许多问题。高校管理在改革进步的同时，伴随着不可避免的突出弊端，由于对教育体制的经验不足和对教育管理的认识不够，盲目追求快速的发展对于高等教育的质量问题形成严重的隐患。在这一时期，全国高校数量激增，从 1957 年的 229 所，猛增到 1960 年的 1289 所，增加了近五倍的数量。这样大幅度的增长，对于高校的发展是不利的，而在发展过程投入的资金更是给当时经济处于困境的国家造成了严重的负担，这也是后来高校发展进入滞后阶段的主要原因。

第二阶段是统一领导、分级管理阶段。1963 年 5 月，国家颁布了《关于加强高等学校统一领导、分级管理的决定(试行草案)》，此“决定”中规定“对高等学校试行中央统一领导，中央和省、市、自治区两级管理的制度”，同时还对国家教育部、中央有关部门的高等教育管理分工有了明确的规定。由国家教育部代表中央对全国的高等教育机构进行统筹管理；全国各个省、市、直辖市、自治区政府与教育厅局在地方党委的领导下，依据中央的政策方针、规章制度进行统一管理部分高校，在工作中执行教育部的相关决策与规定。省级有关业务厅局协同高教厅局或者教育厅局分工管理与本部门业务有关的高校，接受中央有关业务部门的指导。由中央集权管理演变的全新的高等教育管理体制自此得以确立。总体来说，该项体制的确立有效改善了第一阶段时高校由于快速发展而产生的混乱局面，对于高校管理工作有条不紊的发展起到一定的促进作用。如此一来，中央对于高校管理工作不仅做到了全面掌控，同时有效规范了高校的科学发展与正常运作，对于高校的管理工作有了明确的指导方向，有效整合了多方资源，并以此促进高校秩序的进一步调整和整合。

3.“文化大革命”时期

从 1966 年到 1976 年，这一时期使高等教育机构管理体制处于几乎瘫痪的状态，使新中国成立初期政府对高等教育管理所做的工作都付之东流。1966 年，中央《关于改进 1967 年高等学校招生工作的请示报告》，将招生工作下放到省、市、自治区办理，1969 年 10 月，中央《关于高等院校下放问题的通知》中，除了国务院各部委所属的北京少数高等院校的管理外，其余的高校均由各省、市、自治区直接领导，其间，有许多高等院校被撤销或者与其他高校合并。至1971年，在全国原有的434所高校中，仅有328所予以保留。纵观这段时期，高等教育管理权与领导权重新回归为分散管理。各地方政府再次获得了辖区内的高等教育领导权与管理权。而与前阶段分权管理所不同的是，此次变化包含了高等教育管理体制的具体内容与形式。“文革”开始不久，教育部被撤销，这严重影响了高等教育的发展，使高校的各项发展事宜处于一个杂乱无章的状态。直至1975年，时隔多年教育主管部门的重建后方带领高校发展工作逐步迈向一个统一的、明确的方向。在此期间，国家在教育管理体制上的混乱，导致了我国流失大量人才，教育的缺失、管理体制的溃散，也使许多教育学者饱受其害，并且对我国教育事业极度失望，这一时期的教育断层，给我国造成了人才损失。1975年，国家恢复中央教育部，开始加强对全国高校的集中统一管理。

二、统一领导、分级管理（1977—1992）

从1976年到1985年，高等教育进入恢复期与发展期。1977年，邓小平同志恢复工作后，首先要求参与教育与科学的发展工作，并且相继发布了一些关于恢复与重建高等学校管理与治理的政策。其中在外部管理体制方面，教育部把1963年的《关于加强高等学校统一领导、分级管理的决定（试行草案）》进行重新发布，使“中央统一领导，中央和省、市、自治区两级管理”的管理体制再一次得到确立，高等教育也渐渐恢复了60年代初期的“统一领导、分级管理”的行政管理体制。1979年12月，《人民日报》刊发了以苏步青为首的几位著名大学校长《给高等学校一点自主权》的倡议，自此，政府职能的转变工作开始提上日程，政府与高校之间的关系开始发生质的变化。1985年5月，《关于教育体制改革的决定》颁布与实施，高等教育体制改革如火如荼地在全国范围内展开，其中明确提出，在教育事业管理权限的划分上，政府有关部门对高校的干预过多，应当给予高校的权力还紧紧攥在手中，导致高校的自主办学活力严重受到影响，而高校长期以来对高校管理的依赖，也逐渐失去了创新发展的积极能动性。当前高校管理制度必须要彻底改革，而政府在高校管理中扮演的角色也要尽量调整，适当简政放权，将更多的权力下放到高校内部管理层。政府还是处于决策地位，为高校发展提供创新思路并提供法律保障，扩大高等学校的办学自主权，同时也要加强高校与社会之间的联系，不仅要顺应社会需求培养人才，还要让高校逐渐找回自主办学的积极性，主动适应经济与社会的发展。这一“决定”一经实施，便是高等教育事业的历史性突破。此次改革的成功，在高等教育管理体制方面取得了相当明显的效果，国家经济体质改革的推动明确了高教体制改革的方向，高等教育事业进入了一个更加科学、全面的改革时期。

在改革开放时期，我国高校管理体制以“统一领导、分级管理”为主要原则。1978 年 2 月，国务院转发教育部《关于恢复和办好全国重点高等学校的报告》，报告中指出，要对高校进行统一领导、分级管理，并且依据党的领导充分发挥地方政府与重点高校的办学积极性，不断增加高校在教学、科研工作的成果，地方政府与高校在党的领导下将重点高校推向更加自主、创新的改革道路上。报告内容标志着国家对高等学校的统一管理。1979 年 9 月，中央又批转了教育部《关于建议重新颁发〈关于加强高等学校统一领导、分级管理的决定〉的报告》，这是对 1963 年《关于加强高等学校统一领导、分级管理的决定(试行草案)》试行效果的有力肯定。重点高等学校统一领导、分级管理的管理体制在全国范围内推广开来，逐渐摒弃了过去政府与高校之间模糊不清的权力关系，并对这种关系进行明确梳理，准确定位，政府摆正姿态，高校也迎来新的改革挑战。中央层级的高等教育管理部门增加了对重点高校与各部委下属高校的管理。1981 年，基本完成了“统一领导、分级管理”体制的恢复工作，高等教育进入正常发展轨道。实践证明，“统一领导、分级管理”存在一定的弊端，例如中央对于高校的管理过多，使高校内部出现消极工作状态，积极性与自主性的逐渐消失使高校在学术性上面的发展进入瓶颈阶段。

1984 年年末，中央先后颁布了《关于经济体制改革的决定》和《关于科学技术体制改革的决定》，我国经济体制与科学技术体制的改革，带动了教育体制也跟随走上了全面改革的道路。1985 年 5 月，中央颁布了《关于教育体制改革的决定》，在《决定》中，明确了中央、省(市、自治区、直辖市)和中心城市三级的体制，将高校的办学自主权力放大，鼓励并引导高校自主发展，提高高校的办学积极性。1986 年 3 月，国务院对外发布了《高等教育管理职责暂行规定》行政规章，为进一步贯彻落实之前的《决定》精神，达到国家对高等教育管理体制改革的目标，《规定》中明确规定了政府各级教育行政部门对高等教育的管理职能，国家教委在国务院的领导下，全面分管高等教育的各项工作。国务院有关部门在国家教委的指导下，管理其直属高等学校；省、市、自治区、直辖市人民政府管理本地区直属的高等学校。文件中明确规定要不断扩大高等学校的自主管理权限，鼓励高校积极创新发展，增强高校适应社会发展需求的能力。这些文件的发布与施行，标志着我国高等教育的统一领导、分级管理制度的正式确立，同时也代表我国高校全面走进自主化发展道路。

1985 年以后，中国的高等教育管理体制进入改革与发展的阶段。1986 年，中央教育部更名为国家教育委员会，主要负责全国各级各类学校统筹管理与业务指导。1985 年 3 月，为深入贯彻落实中央《关于教育体制改革的决定》文件精神，加快高校自主化建设进程，进一步实施国家对高等教育的宏观指导和管理政策，国务院在《高等教育管理职责暂行规定》中重新定义高校管理主体的权限，并对权限进行系统划分。《规定》中对国家教委、国务院有关部门和各级人民政府对高等教育的管理职责进行明确定义，同时还提出要在高校现有管理权限的基础上进一步扩大权限，以增强高校适应社会与经济发展的能力。同时在对高校教育教学工作、科研项目、人事调动与教师聘任制度、教育经费与高校人才培养等方面作了明确规定，使高校行使自主权有了国家法律的保障，这一《规定》充分调动了高等教育自主办学的积极性，《规定》的实施为我国高等教育管理体制的协调运行和高校管理现代化的转变都起到了一定的促进作用，并在法律层面对高校管理体制提供了强有力的保障。自此，高等教育管理体系进入更加关键的时期。此后数年间，各省、市、自治区、直辖市人民政府均根据《高等教育管理职责暂行规定》制定相应措施，充分调动了高等学校办学的积极性，使我国高等教育事业的发展实现了一次更高的飞跃。

纵观改革开放时期我国高等教育的发展，我国政府与高校之间的关系日渐缓和，政府权力下放的优势也逐渐体现出来，高校的自主办学空间更是进一步地扩大。但是，受计划经济体制发展的影响，《中共中央关于教育体制改革的决定》虽然得以颁布，但是实施效果仍然不尽人意。这项《决定》的颁布，不仅对教育改革体制起不到明显的推动作用，对高校的行政隶属问题也无法明确。因此高等学校的自主办学权仍然是纸上谈兵，迟迟不能实现。这也阻碍了高等教育发展的脚步，同时也对高等教育的教育质量、办学积极性、自主性、办学效益等方面产生负面影响。高等管理体制对社会主义经济市场不断增长呈现出很强的不适应性，国家经济体制改革的同时，没有考虑到高等教育管理体制受到的影响。因此在改革的过程中，高等学校的创办必须紧跟时代发展的脚步，创办出具有自己特色的发展之路。

总之，“统一领导、分级管理”的复兴，促进了高等教育事业再一次进入正向发展的道路，但是伴随全国范围内的改革开放与经济体制改革的快速发展，这种高校管理体制逐渐成为其发展的阻碍。另外中央有关部门对于高等学校自主办学的不放手，导致高等学校内部管理出现诸多问题，很难发挥学术上的创新与创造性，严重影响了我国高等教育的发展历程。

三、国家统筹、学校自主办学阶段(1992—2002)

为适应市场经济的发展需求，自 20 世纪 90 年代初期，国家对高等教育管理体制开展了一次较大的变革。党在第十四次人民代表大会上正式通过了国家建设社会主义市场经济体制的决议。1993 年 1 月，国务院批准国家教委《关于加快改革和积极发展普通高等教育的意见》中提出高等教育管理体制的改革方向，自此，传统的教育管理体制开始逐渐淡出历史舞台，新时期高等教育管理体制向着两级管理、两级负责的方向发展。这里提及的“两级”制度是指中央与省、自治区、直辖市。高等教育管理体制由政府一方的管理模式开始向国家统筹、学校自主办学的方向发展，逐步迈进一个全新的高等教育管理体制。1993 年 2 月，中共中央、国务院印发了《中国教育改革和发展纲要》，对我国高等教育改革工作提出了进一步的工作要求。在《纲要》中，明确了政府与高校之间的权力关系，同时还规定了以地方管理为主、中央管理为辅的管理体制。从根本上解决了政府与高校之间职权范畴的问题，使政府摆正在高校管理中的地位，也扩大了高校自主管理的权力。这一《纲要》的实施，还进一步扩大了省一级的管理责任与权力，体现了地方政府在高校管理中的重要地位。中央与地方两级管理的管理体制也符合国家对高校的宏观调控。在办学体制改革中，逐渐形成了两级政府办学为主、社会各界参与办学为辅的新格局。

1995 年 7 月，国务院办公厅转发了国家教委《关于深化高等教育体制改革的若干意见》。《意见》提出，高等教育管理体制要在 2000 年左右基本完成改革目标，明确界定高校管理者、办学者、组织者的职能，以财政拨款扶持高校发展，通过多种社会渠道筹集教育资金，利用社会力量帮助高校快速建立新型管理体制，施行中央和省、自治区、直辖市人民政府两级管理、分工负责，并且以宏观统筹方式促进高校管理体制框架的制定与发展。其后，中央及国务院各部门先后在上海、南昌等地召开了四次高等管理体制改革模式座谈会，明确提出“共建、合作、合并、协作、划转”这五种改革模式。自此高校管理体制改革有了具体的发展思路和发展路径，从而加快了高校管理体制改革的进程。但是，纵观全国各地的实践情况，社会力量并没有如预期般的对自主办学起到预想中的作用，而且社会力量的积极性受诸多环境和经济因素影响，因此社会办学的效果并不明显。因此，从根本上来讲，高等教育管理体制仍然不能摆脱过去分散的模式。

1996 年 4 月，国家教委在《全国教育事业“九五”计划》和《2010 年教育发展远景规划》中提出，我国高校一直归属政府管制，严重限制了高校的自主化发展，因此必须改变这种管理体制。1997 年党的十五大进一步提出，要优化教育结构，通过科学合理地配合教育资源，提升高校教学水平，增加高校办学效益，推动高等教育管理体制的改革。同时还提出关于加强高校建设规模，以及进一步扩大高校管理权限机构等改革任务。同年，国家教委办公厅印发了《国家教委关于转变职能加强宏观管理，扩大直属高校办学自主权的若干意见》，提出调整政府与高校之间的关系的八条意见。1998 年 3 月，中央、国务院将国家教委改为国家教育部，并对教育部的人员职责进行准确划分与调整。自此，我国教育体制改革如同坐上了快车，迅速发展。1999 年 11 月，全国高等教育改革经验交流会在扬州召开。在会上，李岚清将原来的五种改革模式归纳为“共建、调整、合作、合并”的八字方针。这一方针的提出，全面加快了教育管理体制改革的步伐，全面推进了改革的任务。国务院所属的 28 个部委也明确今后将逐渐放权给高等学校。中央和地方共同建设、共同管理高校以及转化部分中央院校为地方管理的政策正式施行，高等教育管理体制与布局结构的调整也逐渐完成。

1999 年，《高等教育法》颁布实施，该法第七条对于推进高等教育管理体制改革的具体任务与根本目标作了明确要求，“优化高等教育结构和配置资源，提高高等教育的质量和效益”。另外，《高等教育法》中还明确了管理体制改革的原则和方向，“国务院统一领导和管理全国高等教育事业，国务院教育行政部门主管全国高等教育工作”。规定将学术组织与国家法律挂钩，承认大学组织属于独立法人，除此之外，《高等教育法》对高校的办学水平与教育质量的监督也赋予了法律意义上的规定。国家行政主管部门负责检测高校的办学水平与教学质量。通过《高等教育法》的落实，进一步确立了政府与高校之间的关系，高校已经成为独立的自主办学、自主管理、自主发展的实体。法律作为高等学校办学的保障与高校管理体制密不可分。与此同时，《高等教育法》的颁布和实施还确立了国家统筹、以省政府管理为主的新的高等教育管理体制。2000 年，国家进行了第二次部署学校管理体制改革。这标志着我国高等教育管理体制实现历史性的巨大突破，逐渐实现国家与省级政府两级管理、分工负责的宏观目标，在国家政策指导下，以省级政府统筹协调管理的新体制。2001 年全国教育工作会议上，陈至立指出：2001 年的教育工作要围绕国家“十五”总体发展目标和战略部署，继续“深化高校管理体制改革，下一步要加快省级部门、行业所属高校的调整步伐，优化布局结构”。通过调整，逐步形成了国家统一管理、高校面向社会自主办学的基本框架。

四、多元参与阶段(2002 年至今)

2004 年 2 月，教育部颁布了《2003—2007 年教育振兴行动计划》，《计划》中明确提出要建立现代学校制度的要求。要紧密贯彻落实《行政许可法》，促进政府职能的转变进程。同时改变教育行政审批制度，对教育行政许可项目予以清理。另外，还需要制定一系列的相关政策建立教育管理与服务体系，进一步规范国家教育行政部门的职能，确保在高等教育政策的制定、管理、指导等方面的职能得以确立，要善于利用法律武器保障教育部门的各项权益，推进政务公开化，加快教育电子政务系统建设。2010 年 7 月，《国家中长期教育改革和发展规划纲要(2010—2020 年)》中提出建设现代学校制度，全面推进政府与学校职权分离，依托教育政策法规建立自主管理、社会参与的现代学校制度，构建新型政府、学校与社会之间的关系。同时，政府对高校事务的管理职权应当予以明确界定，对各级各类学校的办学权力加以明确。高校的办学模式应当朝着多样化与个性化的方向发展，培养多种领域的创新型人才，鼓励各高校创新办学模式，激发高校自主办学、自主招生的积极性和主动性。学校的各项工作包括办学举措、发展方向、发展决策等都应当公开接受学校教师、学生与社会大众的监督。这要求学校管理工作要制定校务公开制度。另外,要避免不合理的行政化倾向,逐渐取消学校的行政级别,改变传统的行政化管理模式。对进一步改革办学体制提出了新的要求:坚持教育的公益性,以政府为主导,号召社会团体和个人的积极参与,创办多元化主体参与的办学模式,建立符合学校实际同时又富含活力的办学体制。社会的积极参与不仅可激发教育的多样性,同时还可以在实际中满足社会多样化、多层次的教育要求。高校教育管理体制改革的进一步推进可以促使政府职能更好的转变。因此,政府要做好统筹,在政策的引导与实施中,利用相关部门监督机制加强管理的力度,建立健全完整的公共教育服务系统,唯有这样才能保障公共教育的服务均衡化,维护教育的正常秩序和教育的公平性。传统的教育管理是单向的、由政府统筹管理的教育管理模式,这种教育模式具有行政化的特点,而如今高等教育管理行政的规划依然要依靠国家法律法规的健全和国家的政策引导,构建有保障的、完善的、各司其职的教育管理体制。

近些年来,政府在政校关系改革做了大量尝试,政府教育职能转变方面也取得了显著的成果。体现在打破了传统意义上的高校政府独家办学的格局,进一步提升了大学治理的社会参与度;扩大了大学面向社会依法办学的自主权;开展若干项改革试点,主要形式有:联合办学、共建共管以及院校合并等。

2010年,我国正式颁布《国家中长期教育改革和发展规划纲要(2010—2020年)》,这是新时期、新形势下未来一段时期内指导我国教育改革发展的纲领性文件。纲领提出"全面贯彻党的教育方针,坚持教育为社会主义现代化建设服务"的使命。至此,高等教育"为社会主义现代化建设服务"第一次以法律形式被表述出来。从国家立法角度来看,教育已成为继经济后立法最多的领域,可见我国对高等教育立法管理的重视。高等教育领域法制体系的不断完善,为高等教育依法办学、有法可依创造了基本条件,也为大学法人地位得以构建、大学的自主管理提供了坚实保证。

自党的十八届三中全会《决定》提出要深化教育领域综合改革以来,教育治理现代化便提上了日程。高校作为人才培养、科学研究和服务社会的重要载体,是推动科技创新的主力军,完善大学治理结构既是深化高等教育改革的重要内容,也是全面推进依法治教、转变政府职能的重要方面。改革开放以来,我国的教育体制改革不断深化,政府、学校、社会间的关系也逐步理顺,但政府在管理教育,尤其是高等教育方面错位、越位、缺位的现象依然存在，学校自主发展、自我约束的体制机制还不健全，社会参与教育治理和评价还不充分。事实上，要正确处理大学与政府的关系，首要的问题就是定位政府职能，即就高等教育管理与发展来看，哪些政府能做，哪些不能做；而且就政府职能来看，众多政府职能也有主次之分。政府实际上要以转变职能、推进简政放权为契机，明确它与大学各自的职能职责，政府主要肩负对高等教育的统筹规划、政策引导、监督管理等宏观职能，而大学则主要承担对教学科研、学科专业和管理机构设置、人事分配制度、资产资源分配使用等具体事务。该政府管的，不管也不行，不该管的，千万别管，政府不应直接干预大学内部事务，大学不能违背国家法律法规和宏观政策自行其是，二者应按照协商和合作的现代治理理念协同发展。

2015 年教育部《关于深入推进教育管办评分离促进政府职能转变的若干意见》中实际上进一步对政府和大学各自的职能进行了阐述，政府主要是“推进依法行政，形成政事分开、权责明确、统筹协调、规范有序的教育管理体制”，即(1)加大政府简政放权力度，(2)推行清单管理方式，(3)加快国家教育基本标准建设，(4)健全依法、科学、民主决策机制，(5)建立健全教育行政执法机制，(6)加强和完善政府服务机制，(7)加大行政监督和问责力度；而大学主要是“推进政校分开，建设依法办学、自主管理、民主监督、社会参与的现代学校制度”，从依法明确和保障各级各类学校办学自主权、加强学校章程和配套制度建设、完善学校内部治理结构、健全面向社会开放办学机制及完善校务公开制度五个方面入手。

2017 年为完善中国特色现代大学制度，破除束缚高等教育改革发展的体制机制障碍，进一步向地方和高校放权，给高校松绑减负、简除烦苛，让学校拥有更大办学自主权，激发广大教学科研人员教书育人、干事创业的积极性和主动性，培养符合社会主义现代化建设需要的各类创新人才，培育国际竞争新优势，教育部、中央编办、发展改革委、财政部、人力资源社会保障部等五部委联合下发了《关于深化高等教育领域简政放权放管结合优化服务改革的若干意见》。该文件的下发，引起了社会强烈反响，各省市都积极应对，如广东省出台了《关于广东省深化高等教育领域简政放权放管结合优化服务改革的实施意见》，天津市出台了《天津市深化高等教育领域简政放权放管结合优化服务改革实施方案》，河北省下发了《关于深化高等教育领域简政放权放管结合优化服务改革的实施意见》,这些文件的出台可以说有效激发了广大教学科研人员教书育人、干事创业的积极性和主动性。

第四章　高校管理中的“政府之手”

第一节　政府对高校管理的制度结构

一、依法办学

当前阶段高校管理体制是“依法办学、自主管理、民主监督、多元参与”。这种管理体制首先就是依法办学。“法”对于高校管理体制来说是约束、监督和保障，也是政府对高校发展事务的规范管理。这里提到的“法”包括中央立法及其核心组成部分的国家立法，以及具有深远影响和深远意义的党和政府的政策文本。其中后者所涉及的政策文本主要是党中央、国务院这一层面上的，即以中共中央、国务院名义或者中共中央、国务院联合名义发文（含转发）的相关政策文本。中央立法是相对地方立法而言的，是最高国家立法机关以整个国家的名义，调整社会关系的立法行为。

首先从“国家立法”中的“法”来看，法律明文规定由政府管理高等教育。在 1995 年 3 月 18 日的第八届全国人民代表大会第三次会议通过、中华人民共和国主席令第四十五号公布、自 1995 年 9 月 1 日施行的《中华人民共和国教育法》（以下简称《教育法》）中有明确规定，第一章总则第十四条明确指出：“国务院和地方各级人民政府根据分级管理、分工负责的原则，领导和管理教育工作……高等教育由国务院和省、自治区、直辖市人民政府管理。”1998 年 8 月 29 日，中华人民共和国第九届全国人民代表大会常务委员会第四次会议通过《中华人民共和国高等教育法》(以下简称《高等教育法》)，并于 1999 年 1 月 1 日起施行。《高等教育法》在高等教育制度、高校的设立、高校活动的组织、高校招生、高校教师聘用等多个方面进行了规范。在法律关系层面上来讲，从高校的既定、设立、运行和管理的多个环节真正做到了有法可依，并且还明确了政府在高校管理中的定位，但是政府的职能范围没有具体说明，但是《高等教育法》中对高校的管理制度结构有了清晰的概括。

随着我国经济社会不断发展，高等教育逐渐开始普及，高等教育发展迅猛，急需社会力量的共同参与。在 1997 年国家出台了《社会力量办学条例》和《民办教育促进法》，民办高等教育逐渐成为我国高等教育事业的重要组成部分。尤其是 2007 年中华人民共和国教育部令第 25 号《民办高等学校办学管理若干规定》的发布，意味着我国民办高等学校的合法性得到了确定。对民办高校的法制化管理，进一步促进了我国高等教育事业的发展。

二、政治领域

随着我国改革开放和社会主义现代化建设的发展，社会主义现代化建设是全国人民的根本利益。邓小平同志提出：“学生把坚定正确的政治方向放在第一位，这不仅不排斥学习科学文化，相反，政治觉悟越是高，为革命学习科学文化就应该越加自觉、越加刻苦。”由此可见，“政治”涉及人民的、国家的根本利益，教育在重大原则问题上也要坚持讲政治。政府对高校在政治领域的领导与管理，是坚持高等教育的社会主义政治方向、政治立场与政治观点。

在社会主义经济体制下，我国高等教育在发展方向上应当秉持以党组织为政治核心，并且切实贯彻执行党的教育方针，明确办学方向与办学目标，加强高校师资队伍建设，努力提升教学水平，保证教育质量，培养综合素质的人才，满足社会需求，并坚持教育公益性的原则。发展社会主义的高等教育事业是政府针对高校与此相关的一系列领导与管理的基本指导原则，同时这一原则将通过相关法律及政策文本进一步明确、具体化。在实际运作的过程中，党和政府对高校政治领域中的思想领导作为党的建设在高校建设中的一个重要方面。早在 1990 年 7 月 17 日，《中共中央关于加强高校党的建设的通知》中有详细阐述，明确指出了高校党委七项任务，并从领导班子建设、高校党建中的思想建设、党支部建设、党务工作队伍建设、发展党员工作、群团组织等方面如何加强党的建设以及各级党委和相关职能部门党组党委如何加强领导或指导提出了明确要求。

《高等教育法》第三十九条规定中确立了政府对高校在多个领域的管理制度结构，并且确立了政府对高校管理体制中的核心制度安排——党委领导下的校长负责制。该法条赋予了高校校长在中国共产党高等学校基层委员会统一领导下的独立行使职能的权力，国家举办的高校最高领导人为党委书记和校长，并且配备党委书记与副校长，同时明确高校党委的领导职责范围。《高等教育法》第四十一条规定“高等学校的校长全面负责本学校的教学、科学研究和其他行政管理工作”，第四十一条中所列高校校长行使职权所用的词汇为“拟定、组织、执行”等，就字面所表达的意思来看，是对于决策这一层面，高校校长通过“执行”以示负责的制度安排之意。由此可以看出，高校领导在法律规定中责任主要由党委书记承担。然而，在《高等教育法》中，仅第四十条对高校校长及副校长的任免作了具体规定，并没有对高校党委书记或者副书记的任免做具体说明。由此可见，政府对高等学校在政治领域的制度结构是党委领导下的校长负责制。

另一方面，《中华人民共和国民办教育促进法》《中华人民共和国民办教育促进法实施条例》和教育部颁布的《民办高等学校办学管理若干规定》中提到，政府对社会力量举办的高等学校（民办高校），在高校管理方面有较为详细的规定，明确提出，国家与政府要坚持将民办教育事业纳入国民经济与社会发展规划，积极鼓励学校发展，引导学校依法管理。2003 年 9 月 1 日施行的《中华人民共和国民办教育促进法》第三条规定，“各级人民政府应当将民办教育事业纳入国民经济和社会发展规划”。2007 年教育部发布的《民办高等学校办学管理若干规定》中规定，教育行政部门的职责便是引领高等教育稳步健康发展。《规定》中还要求，国务院教育行政部门要担负起民办教育统筹规划与宏观调控的工作；省、自治区、直辖市人民政府教育行政部门负责本行政区内的民办教育工作。省级教育行政部门的职责是对高校的招生情况、相关信息的发布、违法违规行为的处理等。总体来看，政府与教育行政部门应引导、管理并监督民办高校，相对于公立高校而言，民办高校的运作空间相对自由。

《高等教育法》第三十条规定，“高等学校自批准设立之日起取得法人资格。高等学校的校长为高等学校的法定代表人”，但是与公立高校不同，民办高校的校长并非唯一特定的法定代表人。根据学校设立与组织的具体情况，民办高校的法定代表人除校长之外，还可以由理事长、董事长担任。关于校长的聘任，《中华人民共和国民办教育促进法》中第二十三条规定，“参照同级同类公办学校校长任职的条件聘任校长，并报审批机关核准”；《中华人民共和国民办教育促进法实施条例》进一步规定关于聘任、解聘校长由民办高校的理事会、董事会或者其他形式决策机构讨论，经三分之二以上组成人员同意方可通过。《民办高等学校办学条例》第十条规定：“应当具备国家规定的任职条件，具有十年以上从事高等教育管理经历，年龄在七十岁以下。校长报审批机关核准后，方可行使民办教育促进法及其实施条例规定的职权。”由此可见，民办高校的设立与管理虽然也实行校长负责制，但是是在政府宏观指导管理、民办高校的董事会或者理事会的决策领导下的校长负责制。这一管理体制虽与公立高校不同，但是却促进了民办高校的迅速发展。中共中央组织部和教育部党组对民办学校的党建和思政工作非常重视。特别是在 2000 年 6 月印发的《关于加强社会力量举办学校的党的建设工作的意见》中规范了关于民办高校的党建与思政工作。此后各省市又相继出台了有关于德育工作或思想政治教育工作的若干意见。我国社会力量办学第九条中明确规定：必须建立健全党团组织。民办高校党组织应当发挥政治核心作用，民办高校团组织应当发挥团结教育学生的重要作用。由此确立了党和政府对高等学校的政治思想领导。

三、经济领域

我国的教育机构创办的学校并非商业性质机构，要坚持公益办学的原则。《教育法》中也有明确规定，国家制定教育规划，鼓励依法办学，但是任何组织和个人不得以营利为目的。《高等教育法》第二十四条明确指出：“设立高等学校，应当符合国家高等教育发展规划，符合国家利益和社会公共利益，不得以营利为目的。”

对于教育的投入与条件保障，《教育法》第七章有明确规定，国家对于高等学校在财政支出方面进行辅助并逐渐增加对教育的投入，全力保障高校的教育经费。关于拨款方式上，主要以国家财政拨款为主，其他渠道帮助高校筹措经费为辅的体制，通过规定中国家财政的支持，体现了国家对于高等学校教育事业发展的重视，同时也表明了国家对于高校的财政管理方面与国家其它行政部门类似。在规定中，国家财政教育经费的支出标准应当随当时社会经济发展状况随时进行调整，具体发放标准与发放步骤均由国务院规定。而且对高校财政拨款的项目中，要将事项与财权相统一，按照此原则在财政预算中单独列项。从近年来高校教育经费的逐年提升也可以看出，我们国家的经济发展一直处于平稳上升的状态。在《高等教育法》中，第六十条同样规定，“国家鼓励企业事业组织、社会团体及其他社会组织和个人向高等教育投入”，共同监督高校的办学。高校属于教育机构，与国家的其他行政部门有本质的区别，高校以培养人才为主，属于非营利性机构，因此从政府财政拨款的体制中也可以看出高校的运营模式。《高等教育法》规定，高等学校科学技术成果获得的收益、转让知识产权或者高校所办产业所获取的收益都用于高校办学。高等院校的建设与发展在很大程度上要依靠政府的支持与资金投入。

《高等教育法》不仅规定了高校经费的来源，同时还对高校教育投入经费的使用情况进行了明确规定：高校的财务管理制度应当依法完善，在教育经费的支出与使用上要严格管理，使用事项应当公开透明，高校的任何财务支出都应当依法接受有关部门的监督，高校的财务活动在其制度上予以了规范。

《高等教育法》没有专门的条款对国有资产予以规范，而是鉴于该法同样适用于民办高校，因此在条文中并未使用“国有资产”这一概念，而是使用“校产”或者“资产”。高校资产主要分为流动资产、固定资产、无形资产和对外投资，其来源渠道和组成主要包括国家财政拨款、银行贷款、社会团体组织及个人捐赠、知识资产以及商誉、对外投资收益（含校办企业上缴款）、运用高校资源组织收入（包括预算外收入和其他收入）六个方面。《高等教育法》中涉及对校产管理的条款主要有第三十八条、第四十一条，要求“高校对举办者提供的财产、国家财政性资助、受捐赠财产依法自主管理和使用。并不得将用于教学和科学研究活动的财产挪作他用”。同时规定校长有“保护和管理校产”的职权。由此可以看出，高校依法自主管理和使用校产，然而政府在高校校产的管理上仍需加大力度监督高校是否依法管理校产。我国目前高校大多是公立高校，而高校资产的主要来源是国家财政拨款，高校在组织收入过程中运用的学校资源基本都是国家资产，因此，高校资产也属于国有资产，高校应努力使国家投入的资产保值增值。

政府对高校经济领域的管理主要体现在财务及国有资产等方面，其制度结构为政府掌控下的高校财务财政化和高校校产国有化。

四、行政领域

从《教育法》和《高等教育法》规定来看，政府对高校行政领域的管理，主要包括高校日常行政管理、内部组织机构的设置及其负责人的任免、高校后勤保障等方面。《教育法》第十四条规定“国务院和地方各级人民政府根据分级管理、分工负责的原则，领导和管理教育工作，高等教育由国务院和省、自治区、直辖市人民政府管理”，《高等教育法》第十三条、第十四条进一步确定了政府对高等教育事业的领导与管理权，“国务院统一领导和管理全国高等教育事业，省、自治区、直辖市人民政府统筹协调本行政区域内的高等教育事业，管理主要为地方培养人才和国务院授权管理的高等学校。国务院教育行政部门主管全国高等教育工作，管理由国务院确定的主要为全国培养人才的高等学校，”第二十五条至第二十九条规定了高校设立的基本条件及审批的各项要求。上述法条不仅赋予了政府对高校宏观管理的权力，也为政府不同程度地介入高校管理提供了“制度准入”。高校在日常行政管理的自主性也同样受法律保障。在《高等教育法》第四十一条中，列举完高校校长行使的诸项职权后，还列出如下一款“高等学校的校长主持校长办公会议或者校务会议，处理前款规定的有关事项”。从制度设计上来看，政府可以以不同程度介入高校的管理，但是高校日常事务管理的自主性相对是有保证的。高校的组织机构设置与负责人的任免等是高校日常行政管理的重点。《高等教育法》第四十三条中规定“高等学校通过以教师为主体的教职工代表大会等组织形式，依法保障教职工参与民主管理和监督”，由此可以看出，高校教职工代表大会的存在，便是高校在行政领域的自主权可以得到最大化的体现。

《高等教育法》对于高校后勤保障方面没有专门条文规定，只有部分条文涉及高校财产不得挪作他用。然而，高校不仅承担教学、科研的重任，同时还包括后勤保障的责任。但是高等学校普遍存在的现象是后勤服务模式落后、后勤社会化改革滞后、后勤负担过重等，这也是高等教育改革发展路上的绊脚石。基于此种情况，20

世纪 90 年代末至 21 世纪初期，全国高校开启了后勤保障的改革工作。1999 年 11 月 3 日，国务院办公厅在上海召开了第一次全国高校后勤社会化改革工作会议，会议以全国高校后勤社会化改革工作为主要讨论对象，组织全员进行工作部署。同年 12 月，教育部、原国家计委、财政部、建设部、人民银行、税务局联合发文《关于进一步加快高等学校后勤社会化改革的意见》，此次《意见》的发布对于我国高校后勤社会化改革有着重要的意义。特别是该文中要求的省、市政府及其教育行政部门要采取扶持政策并加强领导统筹，使得政府对高校的管理更加全方位与立体化。

由此分析，政府对高校行政领域的管理制度结构是“政府统筹指导下的高校行政执行化”。

五、业务领域

作为非营利性公共组织，高等学校发展目标主要以培养创新型与实践型人才为主，满足社会经济发展需求，同时为国家输送科技人才。这一目标决定了高校的运作必然以教学、科研为主要内容。中国的普通高校业务范围包括教学、科研、管理、生活四大方面，具体内容涵盖了学科设置和发展、教学与教研、学生管理与教职工管理等。

从《教育法》和《高等教育法》的规定来看，有关于上述具体内容的规定比较全面。《教育法》第二十九条规定了学校及其他教育机构行使包括按照章程自主管理、组织实施教育教学活动、招收学生或者其他受教育者等在内的九项权利，而且国家保护学校及其他教育机构的合法权益不受侵犯。《高等教育法》第三十二条到三十八条分别规定了高等学校招生事宜、学科设置、教学内容、科研情况、校内组织机构设置、校产的管理与使用等方面的业务活动。

第二节　政府对高校管理的运作模式

虽然现有的法律法规及政策文件为政府对高校的管理设立了基本框架，但是在此框架中，政府在高校的管理中赋予了高校一定的自由空间，正是这个“自由空间”

的存在,成为了本节探讨的政府对高校管理运作模式的具体情况,分别从上节划分的政治、经济、行政、业务领域四个方面的具体运作模式进行分析。此运作模式以《高等教育法》为核心,保证法律文本确立的制度构架的完整性与确定性。依据《高等教育法》第十三条、第十四条中规定,全国高等教育工作由国务院统一领导与管理,同时,由国务院教育行政部门主管全国高等教育的管理工作这一"规定"确定了全高等教育工作的主管部门——国务院教育行政部门——中华人民共和国教育部。同样,依据规定,省、自治区、直辖市等地方政府统筹协调并管理本行政区域内的高等教育事业,地方高等教育部门工作的主管部门是在于地方政府教育行政部门——省、自治区、直辖市教育厅。

在政府对高校管理运营模式中,由一名国务委员分管全国高等教育工作,由中华人民共和国教育部主管全国高等教育工作,具体落实中央有关高等教育方面的政策方针,指导与管理高校的各项工作,尤其是教育部直属学校。高等教育管理工作的司局主要有:政策法规司、发展规划司、人事司、财务司、高等教育司、体育卫生与艺术教育司、思想政治工作司、社会科学司、高校学生司、科学技术司、直属高校工作司、学位管理与研究生教育司及中纪委、监察部派驻教育部的纪检组、监察局等。上述司局占部内设机构近半数,各司局职责范围覆盖了四个领域的全部方面。

一、政治领域

涉及政治领域的教育部司局主要有人事司、思想政治工作司、社会科学司、直属高校工作司、纪检组、监察局等。人事司的主要职责为承担直属高校、驻外使(领)馆教育处(组)等干部的人事调动等相关工作,规划、组织并指导高校教师与教育行政干部队伍建设工作,人事司内设的相关职能处室有高校领导干部一处、高校领导干部二处。此处提到的"直属高等学校"与"高校领导干部"需具体说明一下,全国高校按主管部门可以分为两大类:部属高校与省属高校。二者的区别在于人事方面的任免与财政来源。部属高校主要依托财政拨款,而省属高校则为地方财政。处室名称中的"高校领导干部"主要指高等学校中负责管理工作的相关领导。人事司的职责涉及的高校领导干部主要是指该领导班子的任前考察、任中考核、培训等工作,同时对高校领导干部的日常管理工作进行监督与指导。关于高校领导干部的任免问题主要职权在教育部或者部党组。教育部直属高校在行政级别至少为正厅级，根据“下管一级”的人事管理原则，高校领导的任免权仍然在部级单位，而部分教育部直属高校党、政一把手为副部级，根据上述原则，这部分高校领导的任免权属于中组部。在高校领导的选拔与任免中，存在政府官员转任高校现象，其中以地方政府官员出任地方高校领导现象居多。地方政府具有地方任职经历，对地方情况较为熟知，由地方政府官员出任地方高校领导，有利于高校工作的开展与建设，同时对于高校与政府之间协调各项事宜等方面具有一定优势。

在此提及的省属高校，其领导干部的任免需在教育局备案，党和政府将高校领导干部的政治地位与行政级别严格对应，高校的书记、校长、任课教师均参照公务员管理，薪资均为国家财政拨款。而部属高校作为我国高等学校中的佼佼者，学校的发展关乎我国高等教育未来的前景。在教育部中设有直属高校工作司，主要职责便是直接对高校的发展目标、发展方向等进行规划，并监督与引导高校的办学行为。

教育部思想政治工作司的主要职责为承担高等学校与教师思想政治工作，指导高校基层党组织建设、精神文明建设以及辅导员队伍建设工作，内设相关职能处室有思想政治教育处和组织宣传处。社会科学司的相关职责是统筹协调高等学校思想政治治理课教育教学工作，内设相关职能处室主要是思想政治理论课教学处。而直属高校工作司的相关职责是配合有关方面加强直属高校领导班子思想政治建设等有关工作，内设相关职能处室是高校领导工作处。由此可以看出，这几个工作司的主要职责都与思想政治工作有关。高校师生的思想政治教育工作一直是高校主要的思想建设内容。

其中，针对学生的思想政治工作，主要体现是：一是高校设有专业辅导学生思想政治工作的部门，由专业人士负责对高校学生的思想政治工作进行指导，但是承担高校思想政治理论课的部分教学内容。二是开设高校思想政治理论课，并作为必修课在全国范围内的高校开展，向全国的高校学生宣教思想政治教育理念，在课程的设置方面有中央政治局主管常委负责审批，并依据国家发展与改革实时更新课程内容。由此可见，国家对高校学生的思想政治教育极为重视。而同时每一位高校教职工的思想政治工作由校内的党组织负责管理。近年来，在校大学生的党员数量稳步增长，这说明中央在高校思想政治工作上取得了显著的成效。

纪检监察组负责指导与管理高校党的作风建设，其主要职责为协助教育部党组和行政领导班子组织协调教育部及所属系统的党风廉政建设和反腐工作。近年来，高校扩招、高校后勤社会化改革、高校的党风廉政建设和高校反腐败工作成为中央及社会的关注焦点。特别是部分副省级的高校领导若发现违反党纪政纪的行为，则直接由中纪委组织调查与处理。现如今高校腐败案件频发，高校党风廉政建设和反腐工作也在不断加强打击力度，这是党对高校建设的基础要求，也是政府对高校管理的主要内容。

从上述分析中可以看出，政府对高校在政治领域的运作模式为"全面加强党的三大建设"，既"党管干部"原则确立党和政府全面掌控高校领导班子成员人选，而且将这些人以公务员政治待遇进行管理，保证高校的领导权始终掌握在党和政府手中。思想政治工作在高校党建中的突出位置使高校党委中心组、高校基层党组织及高校思想政治理论课等组织形式，日益强化对从高校领导班子到普通教师再到学生开展思想政治教育工作，坚守高校思想文化的阵地；而党风建设常抓不懈的要求以及现实中高校反腐案件不断被曝光，使高校纪检监察工作对于净化高校学术环境、打造一支有较高思想政治觉悟的师生队伍具有重大意义。

由此看来，在政治领域，政府对高校的管理在制度和运作模式上都重视党政建设的重要性。

二、经济领域

随着我国高等教育管理体制不断发展和改革，国家在财政方面对高等教育事业发展的支持方式也在不断演变，从最初的政府包办、单一拨款，到现在国家财政拨款为主、多渠道筹措教育经费的体制。就拨款模式而言，新中国成立以来，我国高等教育拨款模式经历了两次变革：1949 年至 1985 年"基数加发展"模式；1985 年至今，"综合定额专项补助"模式，并实行"包干使用、超支不补、结余留用"原则。1993 年 2 月 13 日，党中央、国务院正式发布《中国教育改革和发展纲要》，要求以国家财政拨款为主要教育经费来源，同时以多种社会渠道筹措教育经费为辅助方式，通过收取非义务教育阶段学生的学杂费、设立教育基金等方式，参与高校体制改革。在这一方面的改革上，通过拓宽教育经费的来源渠道，确立了我国高校投资形式的多元化模式。

近年来，我国进一步提出按照事权与财权相统一的原则，政府财政教育经费支出要实行在国家预算中单独列项的管理体制。在分税制财政体制下，中央与地方两级办学的投入体制不断完善，建立了中央与地方两级管理的高等教育投资管理体制，高等教育财政经费根据学校的隶属关系决定由中央或者地方政府财政来负担。高等教育财政拨款制度实行的是分级投入的拨款体制、投入型拨款机制和综合定额加专项补助的拨款模式。同时，随着财政部、国家教委颁布的《事业单位财务准则》和《高等学校财务制度》在全国高等学校的全面落实，高校财务制度实行经费直拨、预算内、外资金合二为一的统筹管理，确定了大收大支的预算管理方式，实现财务管理的规范化。

由于涉及财政拨款及审计，教育部门与财政部门、审计部门之间的联系必然更多，而在制定相关政策与下发文件时会联合署名。由于目前我国财政体制不够完善，有的高校会直接与财政部门对接，而忽视与教育部门的沟通。政府对高校财务的管控，有总量上的掌握，同时也会有专项拨款，在拨款后的财务管理及审计环节，政府相关职能部门会全程参与，尤其是高校财务年度预决算需要最终报给教育主管部门批准和备案。高等学校作为事业单位，校内资产均属于国有资产，因此政府对校内所有资产拥有管理权。

由此可以看出，政府对高校管理在经济领域的运作模式为：政府对高校财务是从拨款到审计、对校产是从拥有到管理。

三、行政领域

行政领域对高校管理是“政府统筹指导下的高校行政执行化”，虽然高校对教学、科学研究、行政职能部门等内部组织机构负责人的任免具有完全自主权，然而这些行为都是在政府的统筹指导下完成的，而且制度结构为政府不同程度地介入高校微观管理提供了“制度准入”。

从高校的设置来看，从建立到发展再到改革创新阶段，其间的所有事务均需政府部门审核批准，政府拥有绝对的管理权。尤其是20世纪末以来，我国高等教育迅猛发展，高校的改革迎来一段合并、升格等发展变化。以省属高等学院升大学为例，如××学院要升格为××大学，按照法律法规办好之后，教育部会发布内容为“××学院建制，然后设立××大学”的文件，并要求该校在地方政府的领导下努力办好高等教育事业。

政府同样介入高校管理体制的改革与变动，若由部直属高校转为省部共建高校、不同属性高校间的合并都要报给教育部审批；直属高校的基建管理工作也属于政府的工作范畴，首先要列出高校建设计划，然后报教育部相关司局审批，再进入拨款流程。计划中的采购环节按照政府采购的要求进行公开招标。

在“稳定压倒一切”的大背景和“社会治安综合治理一票否决”的领导干部考核要求下，高校及周边稳定的治安是政府一直关注关心的问题。高校的安全问题关系到社会的稳定，因此通过政府对高校安全工作的管理，努力营造一个安全、稳定的高校学习氛围就显得尤为必要。

高校后勤社会化改革，从动员到全面推进，是在政府的宏观统筹安排下高校无条件服从执行的。首先，高校在政府的指导下成立了所谓独立的经济实体，负责高校后勤的日常经营，高校的内设行政部门也有后勤管理的职能处室，这些处室的负责人是由高校自主负责和任免。由此看来，政府在一开始推动了高校后勤部门的社会化改革，在改革的结束阶段后又重新接手高校后勤的管理工作。

四、业务领域

业务领域涉及的司局有发展规划司、人事司、高等教育司、社会科学司、科学技术司、直属高校司、高校学生司以及学位管理与研究生教育司等，如此多的司局，也可以理解为该领域在现实中的运作模式与制度结构偏差较大。在这里提到的发展规划司主要职责有会同有关部门拟定高等教育招生计划；人事司的主要相关职责是指导高等学校师资队伍建设，内设相关职能处室主要为教师与专家工作处；社会科学司的主要相关职责是规划、组织高等学校哲学社会科学研究工作，组织协调高等学校承担国家重大哲学社会科学研究项目并指导实施，内设相关职能处室主要是社会科学规划处和社会科学成果处；科学技术司的主要相关职责是指导高校科学技术工作；直属高校司的主要相关职能是指导直属高校制定发展规划，并监督高校办学行为，内设相关职能处室是发展改革处。

高校内部业务领域方面涉及的有高校学生司、学位管理与研究生教育司以及高等教育司等，高校学生司的主要相关职责是承担各类高等学历教育的招生、考试、学籍整理工作、指导并开展大学生就业服务工作、参与拟定普通高校毕业生就业政策、组织实施国家急需毕业生的专项就业计划，从高校学生司的职责可以看出，该司的职责范围涵盖了学生自入学到就业的整个过程。学位管理与研究生教育司分管学科建设与研究生的培养工作，其主要职责是组织实施《中华人民共和国学位条例》、拟定全国学位与研究生教育工作的发展规划、指导并管理研究生培养和学科建设的有关工作、承担 211 工程及 985 工程的实施与发展工作、承办国务院学位委员会的具体工作。高等教育司主要分管高校的教育工作，其主要相关职责是承担高校教育教学的具体工作、推进教学质量的提升、指导高校的评估工作、拟定高等学校学科专业目录和指导文件等，内设主要职能处室包括高等教育评估处、教学条件处、远程与继续教育处、高职与高专教育处、文科教育处、财经政法与管理教育处、理工科教育处、农林医药教育处及实验室处等。

结合业务领域的上述教育部相关机构的职责，以下将对学科（专业）设置与发展、教学与科研、学生管理与教职工管理等四个方面分别阐述。

在学科（专业）设置于发展方面，高等教育司负责拟定学科专业目录，而研究生阶段的学科建设则由学位管理与研究生教育司负责。高等学校的学科与专业设置随着社会的发展也在不断调整改革，政府职能部门拟定的学科专业目录明显与社会发展存在一定的差异性，高等院校与政府之间应当依据经济社会发展的态势设置相应的学科专业。近年来，高校不断谋求发展，形成具有自身特色办学优势，在高校办学水平上要不断加强学科建设、优化专业设置，保障高校的核心竞争力，为国家输送更多专业人才。为了解决高校学科专业设置方面的问题，1999 年《高等学校本科专业设置规定》由教育部颁布并实施，《规定》中明确表示，高等学校的专业设置与调整，应当适应国家经济建设、科技进步和社会发展的需求；要遵循教育规律，提升教育质量、形成合理的专业结构，避免不必要的专业重复。同时《规定》中还对高等学校的本科专业目录有明确规定。2002 年，《关于做好博士学位授权一级学科范围内自主设置学科、专业工作的几点意见》的颁布，促进了博士学位授权一级学科内自主设置学科、专业的改革试点工作，进一步加强了高校学科建设，调整学科、专业结构，促进符合社会经济发展的新学科的融入。然而在现实的运作模式里,学科专业的设置门槛比较高。按照相关规定,申报设置新学科专业的高校首先要有与该非目录专业所相关的一级学科的博士学位授予权,然后再将此非目录专业报教育部审批。但是这个流程相对较为复杂,因此在实施中存在诸多阻力。因此,在高等学科设置上出现了这样一种现象:在目录范围内,高校新增、调整、取消某学科或者专业,只需要按照相关程序办理即可;而要新增非目录专业,如果有"相关一级学科的博士学位授予权",那么便有了申请设置的资格,但是具有资格,不一定能够获批,还有其他因素决定。因此,高校目前开设的所有专业、学科大多都是教育行政部门所颁布的学科专业目录里现有的。高校在自主调整学科、专业结构出现的阻力恰恰说明了政府在高校学科、专业设置与调整方面处于的决定管理地位,更为政府微观介入高校的自主空间确立了"制度准入"。

在教学与科研方面,由高等教育司全面管理,并对高校教学基本建设、教学创新改革方面做评估和指导工作。高等教育司的相关职责较为全面,涉及高校管理的多个方面,而且该司还负责拟定高等学校学科、专业目录、教学指导文件等,此一职位虽负责指导工作,但是高校的任何行为都是在其指导下完成。因此高等教育司对高校的管理工作是事无巨细的。以倍受我们关注的高等学校本科教学质量为例,20世纪70年代以来,随着世界高等教育向大众化阶段的迈进,高等教育也逐渐成为各国政府、社会与教育界所关注的焦点。教育的质量问题再一次引起重视。进入21世纪后,我国高等教育事业不断发展,并推出了一系列提升教学质量的措施与意见。早在2001年,教育部就印发了《关于加强高等学校本科教学工作提高教学质量的若干意见》,并提出了十二条关于如何加强高校教学质量的要求。2001年,教育部、财政部启动并实施了关于"高等学校教学质量与教学改革工程",力推教学模式、课程体系与教学方法的改革,并开闸了"教学名师奖"的表彰,建设"国家精品课程",同时大力推动大学英语的改革。2003年,教育部党组织正式启动普通高等学校五年一轮的本科教学水平评估工作,鼓励并督促高等学校教师为提升高等学校的教学质量而努力。2004年,教育部印发的《关于进一步加强高等学校本科教学工作的若干意见》中明确强调,高校要将教学、科研工作放在首位,努力提升教学质量,加强师资队伍建设。2007年,教育部下发了《教育部关于进一步深化本科教学改革全面提高教学质量的若干意见》,针对高校教学中容易出现的问题提出六个方面二十条具体要求。期间，党中央、国务院多次强调，在“十一五”期间，高等学校要将提升教学水平作为首要任务，全面贯彻实施各项教育方针，努力推动高校朝着科学化的方向发展。经过一段时期的贯彻实践，后经国务院批准，2008年，教育部、财政部联合启动了“高等学校本科教学质量与教学改革工程”，这一工程，再一次将高校的教学质量的提升作为高校发展的主要目标。这是继211工程、985工程和国家示范性高等职业院校建设计划后，我国在高等教育领域实施的又一项重要工程。作为提升高等教育教学质量的重大举措，该工程以提升教学质量为最终目的，按照“分类指导、鼓励特色、重在改革”的原则，加强教学的内涵建设，以优质资源共享为手段，全面推进高等教育学校教学质量的改革。该工程的内容包括专业调整与认证、课程与教材资源共享、实践教学与人才培养模式改革创新、高水平师资队伍建设、教学评估基本数据公布、对口支援西部地区高等学校等六个方面，其中包括支持学生自主创新实验、建设高质量教材与精品课程、增设特色专业、增加教师对外支援交流平台、建设教育教学示范中心、创设国家级双语教学示范课、评选国家级高校名师等。目前该工程取得了良好的成效。在此基础上，2011年7月，教育部、财政部决定在“十二五”期间继续实施该工程，并就实施该工程发布了《教育部、财政部关于“十二五”期间实施“高等学校本科教学质量与教学改革工程”的意见》。

高等学校承担着人才培养、科技创新的功能，科研与教学同等重要。对于高校科研工作的指导与管理工作，主要由社会科学司与科学技术司承担。制度结构要求高校自主开展科学研究，但是各级政府每年也会有不同的科研项目。如果承担政府科研项目，那么高校在自主性科研项目方面投入的人力、物力、财力等明显会受影响。当然，政府扶持的科研项目必然对国家社会科学与自然科学研究具有一定的意义，但是在给高校配置科研项目的同时应当考虑到高校自身的科研项目发展，政府要做好人力、物力、财力等方面的合理配置。政府与高校的科研项目在不冲突的情况下共同开展，这样对于国家科学研究的多样性具有重要的意义。

在高校学生管理方面，政府全方位管理高校学生自录取、报到、学籍管理、学校学习、离校就业等过程。各高校在政府做好年度录取计划并分配给各高校后，才能将高校从本专科到研究生的招生简章对外公布，而一年一度的高考及研究生入学考试，从出题、考试、阅卷、分数公布等均在各级政府的组织与指导下有序进行，在高校录取阶段，各级纪检、监察部门全程介入，保证录取的公平公正。学生进入高校后的学籍管理与专业学习方面也是由政府进行指导和管理。在对学生的惩处中，须由教育行政部门批准，才能进行开除，而且从历次高校学生诉高校案件看，都是按照正常诉讼程序进行处理。学生与高校之间的纠纷，实质上是与政府有关，而且所有冲突纠纷都要走法律程序，在法庭解决。出现这种纠纷或者冲突的主要原因大多是现实运作与制度结构出现了偏差。尤其在进入新世纪后出现严重的全球性金融危机中，各级政府在高校毕业生的就业指导与引导力度上，也让人们清楚地看到政府对于高校人才的重视程度。

在高校教师管理方面，由于《高等教育法》中确立了高校教师的资格制度与职务制度并实行教师聘任制，使政府可以有效管理高校教师的各项事务。高校教师入职后，通过培训、考核合格后认定获得高校教师资格证书。高等学校教师职务的具体任职条件由各高校按照教育主管部门制定的指导意见，结合本单位特点制定各自的任职条件。高校教师的编制与薪酬都由财政全额拨款，政府对高校的微观管理也体现在此。

从以上的分析中可以很清晰地看出，在高校业务领域、静态的制度领域所要建构的是“高校宏观管理下高校业务自主化”，而现实中的运作模式则变成了“高校宏观与微观管理并进下的高校业务自主化弱化”。尤其是在高校专业、学科的设置上以及教学与科研相关工作上，政府的“制度准入”在一定程度上起到了决定性的作用。学科设置需要审批、教学效果需要审批、招生计划需要按国家要求等，同时还包括国家每年的科研项目对于高校自主化发展都产生了一定的影响。政府对高校各个方面的事务管理均做到事无巨细，因此高校要实现自主化发展还有很长的路要走。

第三节　政府高校管理的绩效矛盾

当前高校管理体制中，政府的管理在政治领域实行的是以党组织为政治核心的“党委领导下的校长负责制”或者董事会领导下的校长负责制，不管在制度结构方面还是在实际运作方面，高校都是以党的组织决策为主。在经济领域，政府掌控下的高校财政“财政化”、高校校产“国有化”的制度结构，政府对高校的财政管理从拨款到审计、校产从拥有到处置的全程性管理的具体运行模式，都表明政府紧抓高校财政的管理权，对高校财务收支情况进行实时监管。在行政领域方面，政府统筹指导下的高校行政“执行化”管理模式导致高校缺乏一定的自主性，更多是执行政府下发的各项决策。在高校具体事务领域，从学生的录取到学生就业均有政府的微观管理，同时包括高校的学科、专业设置方面都有政府统筹安排。除此之外，政府还包揽了高校人事方面的所有事宜，例如职务任免、编制核定等。也正是这种现实中的运作模式与静态的文本规范出现了偏差，导致政府的行政权与高校的自主化管理出现了一定的矛盾。新中国成立以来，高校管理体制的变迁实际上是高校与政府之间权力配置与利益分配方面得不到均衡发展的写照，因此本节就当前政府对高校管理中绩效矛盾作简要分析。

一、高校治校主体

政府在高校管理中最直接的矛盾是要明确高校治校的主体是谁。目前，我国高校的管理模式是党委领导下的校长负责制。高校的各项事务由多个部门参与管理，其中包括高校党委、高校行政、政府及其教育行政部门、教代会参与监督及社会组织和个人的监督等。同时还包括在《高等教育法》里明确规定高校必设组织——学术委员会。学术委员会的职责为审议学科、专业的设置，教学、科学研究计划方案、评定教学、科学研究成果等。

高校治校主体的不清晰，最根本的原因在于政府的行政管理权过多地干涉高校的自主化发展。《高等教育法》赋予了政府过多的权力，而高校若要切实实现自主发展，政府必须在管理体制上逐渐放权，在法律制度上需要《高等教育法》进一步修改和完善。

二、高校业务自主化阻碍

高校具体业务的开展受高校管理体制的影响，无法真正做到自主化发展。例如，在高校本科教学质量工程的实施中，高校教材与高等教育评估依然存在一些问题。

高等学校在教材的选用上直接影响人才培养目标的实现,丰富的教学内容是体现学校整体水平的重要依据。我国高等学校根据教学需要,自主制定教学计划、组织并实施教学活动,然而,教育部通过组织权威、优秀专家编写了各学科的“国家级X五规划教材”,而且教材的封面往往会印上“推荐教材”的字样,这种做法使得这些教材自然而然地成了学生和高校采购的首选,在一定程度上隐晦地传承了政府的权威。2007年以来,教育部高等教育司组织开展了普通高等教育精品教材评选工作,采用网上公开评审与专家审读教材的方式同时进行,主要目的是进一步提升高校的教学水平,满足学生对于知识的需求,进一步提升普通高等教育“十一五”国家规划教材质量,推动优秀教材进课堂。

高等教育的评估在高校管理中非常重要。自1985年5月《中共中央关于教育体制改革的决定》中第一次明确使用了“高等学校的办学水平评估”一词,就标志着我国高等教育评估的真正开始。截止到目前,已经实施的评估大致分为四类:一是政府领导下的高校建设项目的评定,由政府机构组织实施,体现政府工作重点和行为导向,例如增列博士、硕士学位授权点评估、重点学科点评估、211工程、985工程的评估与评定等。二是教育行政部门组织实施的评估,其目的主要是加强行政部门对高等学校教学工作的管理,同时参与对高校教学内容的指导工作,提升高校教学质量,参与指导高校本科教学工作评估以及全国普通高等学校研究生院评估、硕士博士学位授权点基本条件合格评估等。三是以社会评估为主的大学排名。四是学校内部组织的各种评估,主要包括专业(学科)评估、教学方面的评估(教学质量、课程设置、课堂效果、教学计划的实施)、实验室工作评估、毕业论文(设计)评估等方面。学校自评主要目的在于促进高校教学水平的提升与教学质量的加强,在教学管理上不断完善,为外来评估做准备,进一步完善高等学校内部评估的管理体制。

从现有高等教育评估状况来看,高校评估依然以政府评估为主,社会评估为辅,尽管社会评估的影响力不断上升,但是目前高校仍旧是以政府为主要评估的管理体制,高校评估的政府行为与行为主体的单一化使我国高等教育评估功能受到较大限制。目前高校的评估活动大多,以政府及教育行政部门为主导。“以评促建”“以评促改”“以评促管”功能已成为当前高校评估管理体制的常态,管理者更多地关注评比和评定的功能,而这也是目前高等教育最重要的功能。这种评估的弊端在于评估的重点并没顾及到学校在办学资源的配置上以及投资办学趋向等方面。同时，在实际运作过程中，“以评促建”表现的多是政府对高校发展的不满而并非为了高校的发展。

由此，我们不难看出，由于政府及教育主管部门的指向性政策引导，高校的学科专业发展、教学科研活动越来越同质化。在高校学科专业设置方面，教育主管部门制定的全国统一的专业目录，各个高校只有选择权而没有自主设立权，逐步形成了高校专业设置的同质化；在高校教学活动中，大多都是使用同样的教材，学生的知识结构与吸收均来自同样的知识体系，造成了思维习惯的统一，同时也扼杀了学生发散思维的多元化发展；对政府和教育行政部门为主的高等教育质量评估与高校而言，造成了过多不务实的想法，专科想升本科、本科想升格为综合性大学，而综合性大学想要争创一流研究型大学，高校的发展应当鼓励其有自身办学特色。

高校业务领域的学科发展、教学科研、师生管理等方面，在现实运作中的问题直接阻碍了高校科学发展。政府的行政管理职权越多，高校的自主发展越受阻碍。

三、高校与政府、社会关系

高校、政府与社会三者之间应是互相影响、相互依存的组织间关系。高校是以培养人才、发展学术为主，社会需要高校培养相应的人才，而政府也需要高校输送各类人才为国家服务。然而，当前高校的招生都是依据政府的计划，在教学、招生、科研及学生就业等方面对社会人才的回馈变成了政府对社会需求的回应，而且政府在高校之间要考虑诸多协调事宜，最终导致部分高校受益、部分高校损益。如何将高校、政府与社会之间回归原生关系，必然要从《高等教育法》等相关的法律法规在日后的修改与完善中作出回应。

从高校管理体制的现状来看，不管在制度机构还是运作方面，政府的管理都体现了高校党的建设的重要性。在经济领域，政府掌控下的高校财务“财政化”、高校校产“国有化”以及政府对高校财务的拨款与审计、对校产的全程管理，这种制度结构与运作模式都说明了政府对高校的各项事务管理极为全面。在行政领域，政府统筹领导下的高校行政“执行化”管理，是直接导致高校自主性缺失的主要原因，高校屈从于政府与教育行政部门的领导，变成了政策的执行者与实施者。在高校具体业务方面,政府在学科专业的设置、教学与科研管理、学生与教职工的管理等方面实行大包大揽,不仅在宏观层面上对高校进行指导,更是直接参与到高校具体内部业务的微观层面,极大地影响高校的自主发展。

第五章
高校管理体制中的“自主管理”

19 世纪末 20 世纪初，被誉为“科学管理之父”的美国管理学家弗雷德里克·温斯洛·泰勒(Frederick Winslow Taylor)首次提出了科学管理理论，对于外部管理机制的理念、意义、作用进行了经典的阐述和论证，强调了管理的外部保障机制和对内部的行为控制。随着社会的不断发展，现代管理学中的理念也在不断创新中。人们对于管理者的认识不仅仅局限于古典管理学中强调的管理与控制，更多的是对于管理对象的引导与激励，使其充分发挥主观能动性，逐渐实现自我管理，同时管理者依然拥有宏观上的管理与引导。自“自主管理”一词出现以来，不断被大众所接受。高校作为培养人才的学术机构，是提升社会教育水平的基础组织，也是培养各类人才的地方，我国高校在自主管理中的模式构建也在近些年不断发展变化，尤其是在 20 世纪 80 年代后期，国家关于高校自主权的法律法规相继颁布，并且开始在各高校实施，高校的自主管理之路已经开始，并逐渐走向正轨。

第一节　高校自主管理的基本内涵

自 20 世纪我国高考制度恢复以来，伴随着计划经济体制的发展与社会转型，我国高等教育也随之进行着大的变革。关于高校自主管理的内涵，不少学者的理解各有不同。有学者认为高校自主管理是符合现代社会发展的,其核心在于政府的放权使高校实现管理的自主化与人本化。高校自主管理涉及多个领域,由财政、教学、科研、日常管理等,其中参与高校自主管理的组成人员有学校委员会、校长、教师、学生。高校实现自主管理重视以人为本,上到学校领导,下到学生均能参与高校的自主管理工作,这也体现了高校自主管理的人本化。还有学者认为,高校的自主管理意味着活力与创新的发展,通过管理对象自我成长的内在需求,提供其充足的发展空间,促进其创新能力的发展,高校的自主管理给予了高校自主管理的权力,同时也激发了高校的办学活力,创造了自由、公平的学术氛围,促进教师与学生积极学习、主动发展。更有学者从学校的认同感入手,认为高校自主管理的内涵与学生和教师对于学校发展的认同有关。高校的发展关乎学校的每一个人,因此在管理上实现自主化,对于教师与学生而言都是极大的正面影响,高校必将教学与学术研究放在首位,致力于将高校推向更加追求科学、自由、创新的方向发展,而对于高校的师生而言,良好的学术氛围,更能激发教师对于教学与科研的热情、学生对于学习的渴望,从这种氛围中汲取的自我价值观是积极的、充满活力的。从高校自主管理的个体要素来看,充分发掘高校自身潜能,使其在"自我学习、自我约束、自我创新、自我超越"方面进行体制、机制的改革和探索,"通过单位自治、团队自主、个人自律三个层次,来实现六个方面的内容,即目标、规范、安全、成本、学习、提升,这六个方面一起构成了自主管理体系"。

高校的自主管理始于20世纪80年代,一直以来不断发展变化,一直致力于寻找适合高校自身发展的管理机制。从最初这种管理机制的产生来看,在现代高等教育的发展过程中,过多的政府行为干预成为高校自主发展的阻碍,高校的自主办学热情被压制,对政府管制的长期依赖,高校已经严重缺乏主观能动性,因此很难适应当代社会对高校的需求。因此,高校为了摆脱政府的过多管制,对于自主权有了新的诉求。从高校自主管理的形成机制上来看,主要源自于政府的权力释放,是由行政权力逐渐转为学术权力的过程,反映了在新形势下政府与高校权力配置的变化;从高校自主管理实现的手段来看,对外,要梳理政府与高校之间的管理者与被管理者的关系,明确职责范畴,进而依据法律和契约理论形成相互平等、相互尊重的合作关系;对内,高校自主管理主要对学校内部的行政、财政、人事等方面进行改革,实现自我管理的目标；对上，政府宏观领导与调控的现象要延续下去，但是政府对高校的职能范畴有所缩减，从直接领导变成监督引导；对下，在政校分离的基础上，努力实现高校内部组织的扁平化结构，减少垂直的科层管理体系。从高校自主管理的发展过程来看，经历了高校呼吁、政府制定相关法律法规及政策、国家立法予以授予和保障三个阶段。从高校自主管理的办学主体来看，自主管理的高校的办学主体应当是高校本身，或者是以高校本身为主，政府、社会、私人等方面实行联合办学。从高校自主管理的合法性来看，政府颁布的保障与监督高校的法律法规实则是保护高校自主权的正当合法性，并赋予了高校自我管理、规范、发展的权力。

高校自主管理的内涵是政府通过法律层面赋予的高校自我管理的权力，它具有相对性、层次性与文化性等特征，其实质是要在高等教育系统中实现权力与责任的合理配置，核心问题是政府与高校之间的职能范畴划分、政府职能的转换对于高校自我管理的影响等，这其中涉及的领域包括财政、人事、科研、教学等，可以通过唤醒高校自我成长的内在需求，赋予其自主管理的权力，并为其提供自我发展的空间与平台，促进其自我发展与主动发展。

第二节　高校自主管理的体制机制

通过对高校基本内涵的分析，政府与高校之间存在一定的联系与矛盾。一方面，政府要对高校进行领导与管理，而且领导与管理的范畴涉及面广，直接压制了高校自主发展的能力。另一方面，高校不断寻求学术自由的路径，希望可以利用大学自治来激发学生与教师的主观能动性，更好地为学校科学发展作出努力，提升高校的办学活力与相关效益。然而，在政府与高校管理权力的博弈中，也存在诸多问题。计划经济体制下的政府过度放权，对于高校来说并非是一件好事，高校的办学与教学问题伴随着高校数量的激增而相应的增加，由于高校管理经验缺乏，同时在高校的财政收入方面也捉襟见肘，因此脱离政府的管控，使高校陷入无序竞争、无法可依的恶性循环。而高校拥有了自主管理权并非代表高校有管理的能力，也不等于政府对高校的责任较少，因此高校在自主化的发展道路上要不断摸索。

一、人事制度方面的改革与自主管理

高校的人事制度改革是适应社会主义市场经济发展需求，也是高校发展的客观条件，人事制度是一切行政制度的基础与核心。高校的人事制度改革，其核心问题是充分调动高校教师的潜在动力，发挥积极因素，更好地为高校的科学发展服务。

1. 人事制度改革的内容

自我国恢复高考以来，高校在人事制度方面的改革迈上了新的台阶，首先是实现了教师职称制度的改革，进而在《中国教育改革和发展纲要》和《关于学校内部管理改革的意见》这两份文件的指导下对高校人事制度进行进一步的发展和完善。时至今日，在高校自主管理的方针指引下，对高校的教职工进行聘用制，并不断完善分配激励机制，使高校在人事制度改革方面的标准不断建立、健全，保障了高校教职工的切身利益，同时也在促进高校自主化的发展之路。我国《高等教育法》与《教师法》等相关法律规定："高等学校实行教师聘任制，教师经评定具备任职条件的，由高等学校按照教师职务的职责、条件和任期聘任。"在法律基础上，我国高校以人才强校、以人为本、教授治校为原则进行了一系列的相关人事改革和探索，其中包括教师的公开招聘、教师岗位的管理等，不断提升高校的办学活力，激励教职工与学生的学习热情，充分发挥其创造性与创新能力，不断形成全新的、科学的用人机制。

以某大学为例，其"三类九级"的改革尝试就取得了巨大的成效。三类指的是：第一类为校聘关键岗位，第二类是系聘重点岗位，第三类是一般岗位；九级，是根据岗位重要程度和岗位职责大小分为九个等级，学校对各个岗位的应聘条件、应聘方式、聘任期限、津贴标准、分级办法、岗位职责、聘任办法、考核方式等都有明确的规定。岗位聘任制通过实行岗位分等和严格聘任，在一定程度上实现了高校招聘自由的自主办学理念，给予了社会公平竞争的权利，突破了职称的身份限制，初步实现了按劳分配的人事分配原则，教师与学校之间的聘任关系得到了进一步强化。此外，利用定性定量相结合的方式进行考核也是此次聘任制改革的有效措施，按照固定工资、效益工资、岗位津贴、业绩工资等相结合的报酬支付形式，按照实际工作情况与学校的效益有机结合，并且在退休制度上也尝试相应的改革，这不仅给高校带来了无限的活力，带动了教职工的工作热情，同时也推动着高校人事制度改革的不断发展。

以某大学为例，在某一年解聘、缓聘了54名正副教授，因为他们在科研方面的考核并未达标，或者因为其他原因长时间不在岗。学校在教师聘任制的暂行办法中曾规定，按照合同管理、按需设岗、择优聘任、以岗定薪的基本原则，进行对教师聘任的各项事宜。长久以来，我国教师岗位的“终身制”限制了诸多教师的发展空间，也埋没了诸多优秀一线教师的能力，此次高校关于教师聘任的体制改革，充分调动了高校教师的积极性，也有利于教师始终保持积极进取的精神状态，激发了高校原本该有的活力与自由创新的学术氛围。当然，关于教师聘任制的各项事宜仍然处于不断完善的阶段，而且在这个过程中一定会出现许多问题，如短期效益、管理工作不到位、评价体系不健全等，但是作为高校人事制度改革的核心环节，教师聘任制工作是首先要做的而且必须要做好的工作，也是促进高校发展的有利条件。

2.人事制度改革的过程

高校在人事方面的自主管理取得了阶段性的进步，这都得益于教师聘任制度的改革与实行，然而将“控制总量、调整结构、转换机制、提高素质”的人事改革目标落到实处，仍然是需要不断改革创新的。解决高校与教师之间的权利义务对等问题，如考核、晋升、续聘、任职、培训等方面，并对这些方面进行定量定性分析，保障教学及科研的质量，保障教师的合法权益，合理发放教师的工资、绩效奖金与津贴等，明确定位高校与教师之间的关系，双方做到互相监督、良性互动。对教师的聘任权限实施合理完善的监督与制约，保障教师聘任的公平、公正、公开，在具体实施过程中实行民主与法制。在人事改革的过程中，要及时做好教师的心理工作，避免出现抵触对抗的情绪与行为，尤其是在对某些触及其自身利益问题的处理上，要耐心细致地解释与沟通，本着以人为本的原则，切实落实好人事制度的改革任务。在改革过程中要把握好自主治校、依法治校相结合的原则，坚决实施人事改革制度的问责制，使高校的改革做到真正意义上的为学校发展而改革，并非为了个人利益或者成为个人敛财夺权的工具，切实将人事制度改革与高校发展紧密结合在一起，以改革促发展，以发展推改革，最终使高校自主管理的发展沿着人事改革的道路继续稳步向前。

二、财务体制方面的改革和自主管理

高校的正常运作与各项改革发展都离不开充足的资金支持。1986年3月，国务院颁布了《高等教育管理职责暂行规定》，进一步扩充了高校在招生、科研、教学、毕业生分配、财务管理、资金使用上的自主权。因此，高校的财务体制方面的改革是关系高校正常运作的关键。历史上，我国高校的财务支出都来自政府拨款，因此财务制度方面也实行与政府机构一样的统收统支机制。

1.财务制度的改革进程

随着市场经济的发展，财务体系也由原来计划经济体制下的形式逐渐向新的财务制度转变，高校教育体系在不断完善，高校的财务制度也随着市场经济的发展进一步的建立健全，在高校资金来源与支出上的规制更加明确，也更加趋于实效性。在高校资金来源方面，由过去的国家财政统一拨款逐渐演变成中央、地方与高校三方共同承担，其中，中央拨款一般波动较小，地方政府的资金支持也在缓慢下滑，而高校自筹资金比重却在不断增加。自1999年的高校扩招之后，高校在报考人数、录取比例、在校与毕业人数均不断上升。生源的激增引发了高校经费的不足，而高等学校的招生数量之多、教育资源的不足导致了高校在教学质量上很难有所保障。因此高校在财务制度方面进行了各种改革与探索，努力筹集社会资金，减轻国家财政负担，并建立健全贫困生保障措施，设立奖学金、助学金、贷款、补助、勤工俭学等保障措施，使每一名学生都有平等的学习机会。2002年7月国家财政部颁发的《关于确认2002年国库管理制度改革支点资金支付范围的通知》和2008年1月教育部财政司下发的《中央部门所属高等院校非税收入收缴管理暂行办法(讨论篇)》，关于高校的收缴管理制度与支出制度方面都有详细的规定。

2.财务改革的具体措施

我国高校现行的财务制度存在诸多不合理的地方。首先是中央财政收入的投入不足，我国政府对高校进行财政拨款，但是明显赶不上高校数量的增长速度。社会不断发展，高校在财政方面的收支已经不成正比，因此高校在办学质量方面明显不足。其次是即便高校拥有政府的拨款支持，在管理与运作方面依然有待改进。具体体现在对资金需求计算不够精准、管理力度不足、无法做到专款专用、无视资金成本等。最后，高等教育学校的教育资源分配不均等，主要体现在中央院校与地方院校、发达地区院校与贫困地区院校、公办院校与民办高校、重点院校与一般院校，由于多种客观条件，这些不同的院校在教育资源上享有的待遇不平等。

长期以来，我国政府在对高等教育经费的财政拨款中，注重高校发展规模，而忽略了资金效益，导致部分高校以追求办学规模为主要发展目标而忽视了教学质量，从而导致教育资源配置不合理的现象发生。高校这种本末倒置的行为，不利于其长期发展，而且过度扩大办学规模，不仅增加了国家财政支出，同时还造成了高校内部管理的诸多问题。随着我国高等教育事业不断发展，在经费的供求问题上出现越来越多的矛盾，因此，加快高校财务改革的步伐，提升财政资金的使用效率，加大财政资金的效益，是目前高校财政改革的重要工作。第一，高校在财政经费的管理上要做到合理、合法利用每一笔拨款，同时要合理分配资金的流向，并及时对资金的不足做合理的补充。第二，高校的教育资源要进行公平、公正、公开的分配，尽量缩小不同地区之间的差异与不同类型高校之间的教育资源的分配不公。第三，要建立健全完善的风险评估机制和绩效考核指标，将财政拨款与绩效考核结果合理应用，从而对高校在资金的利用方面起到引导的作用，减少不必要的浪费，使经费用在合理的地方。第四，目前实施的对口援建省份教育体系的支付转移制度，不能很好地解决合理分配教育资源的问题，可以尝试扩大范围建立教育系统转移支付的体系，从全国视角合理分配高等教育资源，保证每一个不同类型的高校都享有公平的教育资源。第五，进一步明确和细化以中央、地方和高校三方共同承担的财政体系，三方明确具体的职责与权力，紧密配合，共同促进高校财政改革，同时高校自身要不断加强自我管理能力，推动高校管理的不断深化，使高校的自主权得到最大化的发展。

三、行政部门的改革和自主管理

目前，随着我国高等教育事业的不断改革与创新发展，随之而来的便是高校的各种问题出现，高校的行政部门问题尤为复杂，其中包括管理理念的陈旧、管理机构的膨胀、管理目标的不明确、高校行政管理人员的服务意识淡薄、服务效率低下等，这些都是导致高校各项工作不能良性发展的直接原因。近年来，我国经济体制不断发展，高校的改革也在不断深入，高校在自主发展的道路上首先要做的是梳理全新的治理理念，建立健全高校内部管理制度，坚持以学生教育为核心、以提升教育水平为首要目标，加强管理队伍建设，适应社会发展需求。促进高校朝着科学、创新的方向持续发展。

1.科层等级制度的弊端

高校科层等级的设立带来的机构膨胀现象存在已久，严重降低了高校行政部门的工作效率，造成了极大的人力、物力、财力资源的浪费，过多的科层等级对于高校的发展丝毫没有起到正面的作用，而且这些科层的工作人员实行的职务终身制更加形成了服务意识淡薄的工作状态，是高校"官本位"思想的产物。在部分高校，学术权力服务于行政权力的现象，这种风气影响了高校健康发展，同时也依然存在部分高校行政人员"官本位"思想滋生的现象，也阻碍了高校追求自由、公平的学术氛围，限制了高校的自主化发展。传统的科层等级制度，严重扼杀了人的主观能动性，制度之多、部门之多也使工作人员的创新能力受限，只能依从于"上级领导"的指示，缺乏活力，不利于高校的自由发展。而且这种科层等级繁多的状况，严重增加了高校的财政支出，使本来就很有限的教育经费变得更加捉襟见肘。

2.高校自主管理的改革思路及实施方法

随着我国高等教育体制改革的不断深化，高校内部管理机制被动化状况越来越明显，主要体现在以下几方面：高校内部行政层级繁多、管理方式不够科学、管理理念陈旧、管理人员服务意识淡薄、"官本位"思想严重等，这些问题都是造成高校行政部门工作效率低下、高校发展滞后的原因。如何利用行政管理方法与技巧，使高校的人力、物力、财力发挥其最大的作用，可以从以下几方面进行改善。

一是在结构上，采取扁平狭长的管理结构代替原本的科层等级制度，以下移权力的核心、缩短管理的垂直距离来提高效率；二是在理念上，从"官本位"思想逐渐向"服务型高校"转变，行政工作人员重新定位自身服务角色，真正做到以高校师生利益为主要工作目标，切实利用自身权力保障高校的权益；三是树立"教授治校"的原则，提升学术权力的地位，弱化行政权力的职责，树立学术权力与行政权力之间的距离。高校应当成立由教授、副教授组成的学校治理委员会，负责高校学术方面的各项事宜，如教师的职称评定、学科建设等，切实提升教授在高校自主管理中的地位与作用，而学校行政部门则负责学校发展目标的制定，为科研、教学提供保障与服务，二者相互配合、相互补充，实现良性互动；四是学校重大事务的决定应当广泛听取学校治理委员会的意见，并经由学校治理委员会讨论、通过。

高校可以采用"教育职员制度"全面取代"高校职称管理制度"，实行公开招聘、择优上岗、末位淘汰等激励考核机制，鼓励学校的教师等一线教学工作者努力提升自身专业素养，凭借公平、公正、公开的竞争机会，使自己的薪酬、职称等可以获得更进一步的提升。借鉴公务员序列中高级别非领导职务的做法，设立更多的高级别非领导职务，调动绝大多数行政人员的积极性，解决一般行政人员的待遇和级别问题；顺应高科技时代发展需求，强化信息化办公意识，利用科技手段提升办事效率，督促工作人员积极学习新技术，努力提升自我专业素养，同时推进科技化手段的实施，避免重复劳动，让行政事务处理更加准确高效。

从高校长远发展角度来看，要进一步扩大高校的办学规模，满足社会需求，为国家培养更多的人才；从现实意义来讲，提升高校的办学质量、加强高校师资队伍建设、促进高校自主办学自主发展，高校的改革和发展主要是培养各领域的创新人才，因此不论高校规模大小，关键是要办出特色，形成自己独特的办学风格。在这方面，可以借鉴国外先进经验，并结合我国国情与高校自身发展情况，加强高水平建设，增强自身办学活力，努力创建一流大学。

3. 高校的“自主招生”

2003 年，高校的自主招生政策由理想变成了现实。自主招生是指一种高校通过自己设置考试，选拔具备一定条件的应届高中毕业生的形式，这些考生一般具备特殊才能或者具备一定的创新与实践能力，也可以是在文体艺术等方面具有过人天赋的学生，思想品德方面比较突出的学生也属于高校自主招生的录取条件之一，这一部分学生通过考试与学校签订录取协议之后，在低于高校正常招生的录取分数线的情况下也可以享受被高校录取的权利。因此高校在自主管理的道路上，不光是在人事、财政、行政部门发生了一定的变革，在自主招生方面也有了巨大的突破。起初是北京大学、清华大学等知名高校进行自主招生的改革，后续诸多高校也纷纷开启自主招生，高校的自主招生进入了一个持续上升的发展趋势。

第三节　高校自主管理的现实困境

高校在自主发展的过程中会遇到诸多困境与阻力，其中包括部分管理者对权力的过分掌控，也有保守者对于改革的迟疑不决，还有牵扯到自身利益的部分人冷眼旁观。

一、绩效考核的弊端

绩效考核是人力资源管理的重要组成部分，是人事管理的基础工作，也是对被考核对象的工作状态与工作业绩进行考量的主要方法。

1. 高校绩效考核的内容

作为教学与学术机构，高校的办学目的是培养高等教育人才、促进学术发展，这种组织机构的特点也使高校在投入和产出之间存在一定的失衡，因此高校在绩效考核上并没有明显界定。高校的绩效考核更多的是要以系统、科学的考评制度来代替固有的经济效益考评。

当前我国高校的绩效考核主要内容是：以国家教育部出台的高校考评机制为依据，由教育部主管单位、地方政府相关主管单位等组织对高校进行考核和评定，在高校内部设有自我考核机制，主要针对教学科研人员、行政管理人员、后勤保障人员等，考评时间在每年的年末，考核时按照自我评定加外部评定的方式，对高校内部工作人员的“德、能、勤、绩、廉”五方面进行统一打分。自我评定的方式一般可以是年终总结、述职报告等，外部评定主要指员工之间的相互评价、领导的测评、院系与科室的评定等。从考核方式来看，高校基本采用“量化指标”的考核方式，既保障了考核时的客观性，同时又降低了考核的难度；从考核效果上来看，通过绩效考核，高校可以准确定位在发展过程与日常工作中出现的问题，及时改正错误，并调整发展方向，既保证了高校在自主改革中路线的正确性、合理性，同时又防止了因为政府的放权而导致高校漫无目的地无序发展，而高校内部的工作人员在绩效考核结果公布时，也能感到来自相关部门的监督与压力，及时调整心态与工作状态，积极改进工作中的不足，也能对自己的薪酬、职称方面有更加准确的定位，从而调动个人主观能动性，促进了自己在工作岗位上有更好的表现。

2. 绩效考核存在的问题

高校现在的绩效考核方式仍然存在一定的问题：一方面，政府对高校的考核没有充分考虑高校的实际情况，依照其他行政机构的考评制度显然是行不通的，尤其是全国的高校在教育资源的分配上存在一定的个体差异，因此在考评标准的制定上要细化每一项内容，切实保障考评制度可以做到真正意义的考核与评价，只有这样，最终得到的考核结果才是具有真实性和科学性的，而这样的考核结果才能成为高校的发展的重要依据。每年年底的绩效考核高校都高度重视，因为绩效考核的结果直接影响到高校的级别、资金、声誉等，因此这种考核对于高校来讲，甚至比学术研究还要重要。这种情况下的考核与学校自主创新发展之路产生了一定的冲突，也可以理解为，高校的绩效考核需要学术研究为其让路，限制了学校的创新自由发展。因此，在高校的绩效考核中，尤其要重视的是如何完善高校绩效的考核体系，并且针对不同的高校制定合理的考核标准，使绩效考核真正发挥其作用，促进高校的自主发展，而并非成为高校创新发展的束缚。

另一方面，对于高校内部工作人员的考核也存在许多问题，例如，高校内部领导对考核的重视程度不足，考核流程过于敷衍，考核结果缺乏公平性、合理性；对考核工作的重要性认识不足、宣传不到位，教职工不予积极配合，绩效考核标准不规范等。绩效考核必然与薪酬和职称等挂钩，因此在高校内部绩效考核过程中，如果发生触及某些人切身利益的事情，那么反对的声音、抵触的行为都将发生，这就需要一个合理的、公正的绩效考核体系，并要求教职工对考核结果进行自我反省与自我批评。绩效考核一般是按照“德、能、勤、绩、廉”的标准进行打分，而且各个部分的分值相同，因此在绩效考核过程中，很容易出现因为岗位的不同，分值产生偏差的现象，最终导致考核结果不尽人意，在反对声中绩效考核不了了之，没有发挥其该有的作用。此外，绩效考核过程不够公平、透明，考核标准过多且不科学，内部管理人员相互打分，存在一定的舞弊现象，而且只重视绩效考核结果，忽略绩效反馈环节，没有充分考虑被考核对象的实际感受，严重影响了绩效考核的权威性与公正性，无法达到考核的真正目的。

因此，在高校绩效考核制度的设置上，急需解决以下几方面的问题。首先，加强领导部门与全体教职工的重视程度，将绩效考核上升到关系学校能否持续发展的高度，真正做到绩效考核结果的公开、公正，切实发挥绩效考核结果的作用，考核结果一定要能够反映被考核对象的切身利益，如薪资待遇、职称评定等。其次，要对绩效考核制度进行完善，考核标准应当实行分岗标准，不同岗位应当有不同的评定标准，绩效考核应具人性化与公正化，确保绩效考核结果的真实性与可信度。此外还应当优化人才机制，提升管理效率，加大监管与规范。第三，建立长期考核机制，将对考核对象的日常考核与年度考核相结合，量化与非量化相结合，以便得出更加真实有效的考核结果。此外，将部门考核与个人考核相结合，使考核变为督导，促进高校的健康持续发展。最后，在考核方式、考核内容与考核主体上，高校可以大胆探索，努力将“自主考核”或“国家与高校共同考核”这些理念完善和付诸实施，以促进高校自主管理的不断前进。

二、依法治校的弊端

在高校中考试作弊的现象屡见不鲜，教育法规定：学校对学生的处分应当做到程序正当、证据充分、依据明确、定性准确、处分适当。为了严肃考风和校风可以给予适当的处分。但是如果不按照法律程序处理，处分结果自然会发生纠纷。对于高校中出现的类似违反校规的行为，高校在处理方式上要依据法律法规，不能仅凭学校相关管理人员的主观意愿做出对学生不合理的处理措施，这既是对学生的不负责行为，也是有损高校声誉的。近年来这类不公正的处理事件在我国高校中发生率相对较高。因此高校主管部门的某些做法导致学生被勒令退学、学校教职工起诉学校的例子都表明，高校与个人之间的行政诉讼问题越来越多，一方面是近年来高校师生的法治理念越来越普及，学生对于自己的切身利益懂得拿起法律的武器来维护，而且服务型政府也在不断深入人心；另一方面源自当事方对于高校自主权限的不同理解，从而导致了对问题看法的巨大差异。

以大学生起诉高校为例，其中最具有代表性的是有关于学历证书与学位证书的发放问题上，学生因为多种原因，如考试作弊、逃课次数过多及其他违反校规校纪的行为等，学校单方面取消了证书的授予资格，而学生对此提出异议，双方无法达到一致时，最终就是通过法律的介入予以解决。通过这些问题我们可以看出，这些纠纷很大程度上是高校对于自主管理权限的过度解读。修改后的《教育法》将教学、科研、日常管理、奖励和处分、学业证书的授予等自主权限赋予了高校，但是具体职权范围没有准确的说明与规定，导致高校领导对于这些管理权的认知产生偏差，而政府对高校自主管理学校的各项事务方面没有做到指导与监督，高校在自主化管理方面显露出过于涣散的状态，无序的管理导致了诸多问题的发生，相关法律条文在立法授权上的模糊性与随意性为在高校自我管理过程中学生的利益被侵害埋下了伏笔，因此造成了部分高校相关管理人员依照个人意愿或者通过主观判断便能左右学生的命运，也是近年来学生、教职工与高校之间的矛盾与诉讼越来越多的主要原因。面对我国教育法治不够健全，政府的职能松散，缺乏一定的监管力度，高校各项规章制度有待完善与加强，教育管理中习惯于利用行政手段等现状，高校必须充分意识到将教育管理纳入法制化轨道的重要性与必要性，充分树立依法治校的管理理念，尽可能避免与学生、教职工之间的不必要的诉讼问题出现，维护并促进高校健康、稳定的发展。

三、规范行政权力的紧迫性

长期以来，高校的管理过于依赖政府，这与我国社会经济发展也是息息相关的。政府的集权管理对于高校来说，虽然在一定程度上帮助了高校的发展，但是更多的是由于政府事无巨细地监督管理高校的各项事务，包括行政事务与学术事务等，因此高校距离自主发展的道路越来越远，逐渐失去了创新发展的能力，从而影响了我国高校对于创新型人才的培养，影响了高校原本该有的学术氛围，制约了高校的自主化发展，我国高等教育事业需要经历一场彻底的改革，方能获得长足发展，那么规范行政权力势在必行，也是必经之路。

19 世纪末 20 世纪初，我国现代意义上的大学诞生。我国大学诞生之初便开始与本土的“官本位”体系连为一体，并且带有强烈的官僚色彩。在当时，大学校长都是由政府统一任命的，而且校长是完全代表政府来管理大学的，因此那时的大学是真正意义上的政府中的一个行政部门。大学发展到现如今这个时代，政府化的现象依然根深蒂固，“官本位”的思想在高校还有一定市场。

事实上，随着高校自主管理改革的不断深入，关于政校分开、高校去行政化的呼声日益高涨，对外要逐渐脱离政府集权管理的束缚，对内要打破高校内部的管理体制与运行模式。从政府角度而言，更多的是一种服务，对于高校的管理变为宏观指导，在一定的政策指导与法律保障下赋予高校更多自主权。从高校角度而言，对于政府的放权要做好校内管理体制的完善与健全，在政府的宏观调控下，实行全面的自治，包括招生、学位授予、自主办学、学科专业的设置等。同时，建立学术委员会、校委会、行政管理委员会等机构，积极推进教授治学。

2010 年 3 月 12 日，在十一届全国人大三次会议新闻中心举行的主题为“国家中长期教育改革和发展规划纲要”的集体采访中，教育部政策法规司司长孙霄兵在回答记者提问时曾提出，规范高校行政权力是着重要解决的问题，首先就是要明确高校的办学自主权。《高等教育法》明确指出，高等学校是教育机构，是培养人才的地方，与国家其他行政机构不同，《高等教育法》具体规定了高等教育学校在教学、科研、内部收入分配制度、招生、自主管理学校的经费和财产、开展国际交流等七个方面的自主权。因此若要解决高校中出现的各种问题，首先要从高校自主权开始。对于高校而言，长久以来，高校依赖于政府提供的资源，因而政府对高校管理的干预也较多，因此高校长期以来在处理内部事务上往往顾前顾后，束缚了手脚。对于政府而言，适当放权给高校，对于高校事务不必“事事关心”，对高校的管理从领导者向引导者转变，由管理改为保障，在依法行政的基础上给予高校足够的自主权力。近年来，随着高校的发展对审批制度也进行了深入改革，教育部大大缩减了对高等学校的行政审批事项，政府对高校的干预也随之减少。此外高校内部的管理模式要逐渐脱离行政化状态，建立全新的现代大学治理体系。

第六章　高校管理中“政府职能”问题产生的原因

第一节　客观原因

一、“官本位”的思想影响

所谓“官本位”，就是以政府利益需求为主要决策目标，政府在各项公共事务中扮演“主角”。我国早在古代就曾存在“官本位”的思想。《论语·子张》：“子夏曰：仕而优则学，学而优则仕。”在古代传统文化中便有以官为本的观念，这种传统思想在人们心中根深蒂固，影响着一代又一代的知识分子，中国的有识之士的人生追求也大多受这种“官本位”思想影响。

中国的知识分子自古以来受儒家思想的教育，又受科举制度的影响，无数学子以“十年寒窗苦，金榜题名时”为座右铭激励自己走向仕途，将“学而优则仕”作为自己的奋斗目标。直到现在，这种思想仍旧在一些知识分子心中存在，尤其是高校教师这一群体，他们认为，在中国，仕途仍然高于学术。因此一些大学教师将精力放在了追名逐利上，不重视教师职业该有的教学、科研工作，即便是在教学和科研上有了一定的成就，那也是为步入仕途做的准备。这一部分人进入官场，再参与评职称，比普通教师就要容易得多。“官本位”宣扬的是从政之道，而非治学之道，其结果势必会造成学术官僚化、“官僚学术化”。这种不良风气最终导致的结果便是官不像官、教师不像教师。作为教育工作者，首先要将教育放在第一位，潜心研究教学与钻研学术才是一个合格的教师应当努力去做的事情。因此，学术官僚化的风气要严令禁止，使高校教育从“行政思维”回归到“教育思维”。

1985 年，中央在《关于教育体制改革的决定》中第一次提出，要“扩大高等学校的办学自主权”，在 1993 年颁布的《中国教育改革和发展纲要》、1998 年颁布的《高等教育法》中，对于高校自主办学权都有明确的说明，但是在法律颁布之后，高校始终依赖政府的管理，并没有切实贯彻法律的规定，发挥好自身的办学主动权的作用。《高等教育法》中规定了高校的自主权，但是对于政府管理并没有明令禁止，因此政府的权力是实质存在的，政府对高校的放权没有法律的监管，而高校被政府管理的“惯性”也依然存在，这也是尽管有法律规定，政府与高校的关系依然没有改变的原因。

近几年，虽然“官本位”的思想有弱化，但这种思想的深层次根源依然还有其一定土壤，还需要我们进一步增强法治意识。

二、新中国建立后政治经济体制的影响

新中国建立之初，我国受苏联政治经济体制的影响较深，实行的是中央集权制和计划经济体制。这种集权制也体现在高校管理中，压制了高校自主发展，阻碍了其自主权的建立，使高校对政府的依赖性愈加明显，而政府也事无巨细地对高校各项事务都进行集权管理，从高校的招生、教学、教师的聘任，甚至是高校的后勤工作也在政府的统筹管理范围之内。这种情况维持了很长时间，“政教结合”的政治文化制度便应运而生，导致我国高校管理模式演变为高度集权的科层制管理模式，最终造成高校管理的“衙门化”。政府对高校的管理决策中，并没有考虑到高校的学术特点，高校的学术委员会在学校管理中形同虚设，政府对高校的管理趋向于行政化；在管理地位上，政府部门的作用占据主要地位，而教学科研方面的负责人以及高校的领导“屈从”于政府的决策与引导，进而造成了高校与政府之间职能不清。

此外，受计划经济体制的思维模式影响，高校的部分领导干部实行终身制，教职

工均属于国家编制，普遍存在“铁饭碗”的现象。高校在人事分配上缺乏竞争机制，因此高校教职工的积极性、主动性相对较弱，而且部分教师因为属于国家编制，在教学或者科研方面没有丝毫创新意识，无论是在教学的方式方法还是在日常对学生的思想政治教育方面都存在一定的懈怠。新中国成立后，我国计划经济体制持续了较长的时间，“铁饭碗”的思想根深蒂固，影响了很多人的就业思想。

事实上，自新中国成立计划经济体制的影响就已存在而在此时代的高校与政府之间的关系也就此确立，起初计划经济体制在某种程度上推动过高校的发展，但是伴随着市场经济体制的创新与改革，一种全新的经济时代应运而生，各行各业都在转型发展，寻求适合其发展的道路，高校也逐渐形成自主创新的办学模式，这不仅提升了办学活力，而且也适应了社会需求。

三、功利主义思想的影响

在我国当前市场经济条件下，我国的经济趋于不断上升的阶段，与此同时，市场经济条件下，给高等教育学校带来的却是“功利主义”的思想。市场经济顾名思义是以经济发展为首要任务，致力于提升国家整个经济体制的发展，而高校则属于教育领域，是培养各类人才、钻研科学成果的地方，高校教师应当以教育为首要任务，将自身所学知识毫无保留地传授给学生。高校与市场经济发展应当保持一定的距离。但是在市场经济条件下，政府部门过度注重经济利益，而忽略了高校本身的使命，将高校成为经济发展的附庸。有不少政府领导为了自身的政绩，不顾高校的实际发展状况，利用多种手段促使高校迅速发展，而高校的领导也为迎合政府的这种需求，全然不顾自身高校的发展规律，例如高校一度追求论文的发表数量，而忽略其质量，并且这其中还存在学术造假的问题，近些年不断被媒体曝光的论文抄袭事件也给高校带来了很多负面的影响。甚至有部分高校领导花大价钱争取重点课题，这种做法使得高校功利主义思想愈加严重。

四、政府职能履行越位和角色转换不到位

随着市场经济体制在我国的建立与不断深入，政府职能也在不断发生变化。但政府在处理与高校之间的关系时，还是习惯于沿用之前的行政手段进行管理，没有将权力下放于高校，使高校迟迟无法实现自主化管理。现代经济不断发展，

对于政府职能的要求也在改变。政府相关教育部门对高校的管理应当以宏观的行政干预为主，尽量避免将高校的事务管理直接大包大揽。具体来讲，政府部门对于高校的管理应当从法律法规的制定与监督入手，监察与督促高校依法办学，贯彻落实国家的教育方针，通过宏观调控对高校的财政拨款、教育评估等手段，为高校的发展提供必要的指导与服务，而并非全权干涉，这是政府的职能所在。政府对高等教育承担的管理责任仅限于宏观管理，至于微观事务的管理则应交由高校自行管理。

从高等教育学校的管理体制模式运行来看，政府职能转换不到位，因而导致政府对高校的事务进行过多的干预和处理，政府在履行其职责时出现角色定位不准确，甚至在某些状态下，政府的管理者缺乏管理能力，对高校的管理分不清主次，一味地利用职权“操纵”高校的各项事务。政府对高校的教师任免方面具有一定的决策权，并且高校的财政收入都来自政府拨款，而且高校的教师都属于国家编制，从另一个层面来说，高校隶属于国家的行政组织机构。因此高校在长久以来的发展上对政府产生了一定依赖性。传统的高等教育体制属于政府集权式的管理模式，而高校在这种管理模式下，逐渐扼杀了其自主发展的能力，长此以往，高校在办学上严重缺乏积极性与主动性。高校作为办学的主体，没有法人的实质地位，只是作为政府的附属品存在。而且作为学术机构，高校不仅无法获得招生招聘、发展规划方面的自主权，连高校本身的工作也没有发言权。如此看来，高校的学术管理在政府的集权管理模式下形同虚设。高校作为学术性机构的组织特征表现模糊。

总体来说，国家相关教育行政管理部门在对高校行使管理权力的过程中，存在刻意扩大职权范围、过度干预高校各项事务的行为，严重偏离其职责，这种管理方式对高校的自主发展产生了较大的负面影响。首先，高校隶属于国家行政组织，其行政化级别尤其明显。高校内部行政系统拥有很多级别，而这种级别的设定可以体现教职工在学校的薪酬级别。那么作为学术教育组织，若学术性质不能保留，一味向国家行政管理靠拢，这样的管理严重偏离了高校管理的正常轨道，难以实现政府之间的关系转变。其次，政府对于高校教师的聘任起决定性的作用，而高校只能被动接受这种人事的调整。最后，政府对高校的评估工作也是高校趋于行政化的体现。政府统一安排评估，并制定评估标准、评估内容等，高校没有参与制定的权利，只能服从政府的安排，因此所谓政府对高校的监督只不过是政府把高校当作上下级一样去掌控而已。

在这种情况下，政府已然意识到对高校的管理模式存在不合理的情况，但是在职能转换不到位的情况下，政府暂时没有更好的办法去解决这种现状，因此在政府职能转换方面要寻求更加合理、科学的角度，找到符合高等教育发展的对策。

五、政府主导对高校运行体制的惯性延续

中国的大学比西方大学在产生时间上推迟了近 700 年。而且我国的大学是在政府的主导下建立起来的，因此在其根源上高校是不具备自主性的。因此，高校对于政府管理的被动接受，也是对政府依赖的体现。无论是社会民众还是高校本身都认为政府来引导并掌握大学的发展是理所应当。我国自改革开放以来实行的是计划经济体制，随着社会经济的不断发展，其他领域开始逐渐实行经济体制的改革与创新，但是目前高校管理推行的依然是计划经济体制下的政府集权制管理。高校的各项事务基本都由政府统一管理，无论是从学校的招生工作、学科与专业的设置，还是教职工的聘任、教学评估，甚至是高校的财政支出、高校领导调整等，都归于政府的宏观与微观的管理范畴。

计划经济发展的时期，我国高校对政府管理的服从与依赖体现在政府的宏观调控与微观管理中，无论是高校的招生、发展规划，还是高校的学科专业设置、后勤工作，均属于政府的管理范畴。在这种体制下，政府既是高校的主导者、监督者，又是高校的办学者，这种“政校不分”的情况是由于政府多种角色混乱而引起的。由于受计划经济体制的影响，高校长期在这种经济体制的影响下，形成了一种惯性思维，对待高校的管理习惯性地采用行政手段进行管理。高校在这种计划经济体制的影响下，逐渐失去自主办学的能力，对于政府的干预“逆来顺受”，变得越来越依赖政府的管制。因此，国家对高校的集权制管理由最初的高校管理第一选择，变成了现阶段的自然性选择。在这种惯性的延续下，政府与高校的关系始终停留在领导与被领导的状态。

第二节 主观原因

一、高校内部管理体制改革不彻底

自1985年，我国高校内部管理体制开始改革，在机构设置、用人制度、分配制度、后勤社会化等方面取得了巨大成就，我国高校在真正意义上承担了发展高等教育的任务，促进了我国高校的跨越式发展。但是在这种跨越式发展进程中，我国高校内部体制改革仍旧存在一些问题，究其原因是高校内部管理体制改革不够深入。

首先是改革的目的出现偏差。高校内部管理体制改革的方向应当是以高校、优化及自治为主，改革的最终目的是为了使高校拥有自主办学的能力与积极性。这种内部管理体制的改革，是真正做到了以教师与学生为主体考虑的管理机制，努力制定适合高校师生创新能力发展的制度，从而更好地促进高校的全面发展，提升高校教学质量和管理水平。而目前我国高校改革成果却与改革方向相反，在校内机构改革上出现了“膨胀—精简—再膨胀”的恶性循环，随着高校改革的深入，行政级别反而在原先数量的基础上越来越多，而且涉及的官员也比改革之前多。

其次，改革内容没有实质变化。改革前的高校内部管理组织归属政府统筹管理，利用政府行政能力参与学校的各项管理工作，改革后的内容基本没有实质上的变化，政府依然干预高校管理事务，分配高校的各项职能权力，推行的还是科层制组织模式，将高校的运行模式与行政管理挂钩，高校教师的职称依然与行政级别相对应。高校更多演变为政府的一个行政组织，政府的行政同化了高校的学术权力。这种状态下的高校与政府之间的关系，权力界线不明显，造成了高校和政府之间的责任不清、相互越位。正如潘懋元先生所言，现在大学管理体制呈现的行政权力与学术权力之间的不平衡成为大学发展的桎梏。高校的“官本位”意识较强，将职称、福利待遇等与“官位”挂钩，违背了作为一名高校教师及科研人员的初心。政府也在日趋行政化的管理中，忽视了作为高校教师与科研人员原本应当享有的自主创新权利。

三是高校内部管理体制改革缺乏创新。我国高校体制改革没有从根本上进行变革。一般情况下，当国家出台关于高校改革的方案，各高校依据国家政策实施改革，或者以高校改革的成功案例作为参考，调整高校内部管理体制。这种做法只能算按部就班，缺乏创新与特色。而且各个高校的发展情况不同，其他高校的成功经验可以借鉴，但是不能照搬。要结合高校内部发展规律与地区差异，制定具备可操作性的改革方案，在具体改革措施中，注重创新与特色，依据学校发展特点，制定一套适合学校并且有利于促进学校发展的管理体制。高校的办学体制和管理制度具有多样性，究其根本，要适合学校发展、满足社会需求、与政府政策相呼应，只有这样，高校内部管理体制改革才能有创新发展。

二、高校内部权力结构冲突

1. 行政权力与学术权力的不平衡

高校内部行政权力大于学术权力。"官本位"的观念影响了高校内部管理机制，追名逐利渐渐取代了以科研成果为荣的思想观念，这种不良风气正在高校不断蔓延，不少学者不再潜心钻研科研技术，而是转投名利、地位等。由数据调查可见，2009 年由教育部联合各省教育行政主管部门评选出的高校名师中，九成的入选者是担任学校行政职务的，而真正搞学术的教师仅占了 10%左右。"官本位"的核心价值观侵蚀着高校校园，行政权力大于学术权力，使高校失去了原本该有的学术氛围。

学术权力与行政权力是目前高校内部两大权力体系。学术权力以专家学者为代表，以教授委员会、学术委员会为载体。而行政权力的主体是由行政工作人员组成，行政机构作为其载体。学术权力与行政权力最大的区别是后者带有一定的强制性。学术权力主要来自学术界的权威，以学术研讨为主，而行政权力则不同，它是具有层级性与强制性的，在行政权力与学术权力发生矛盾冲突时，学术权力服从于行政权力。

高校的行政部门原本是为了教学与科研服务的，但是我国高校的发展历史决定了政府与高校之间是领导与被领导的关系。因此在高校内部，行政权力虽然与学术权力共同管理高校事务，但是二者在权力范围、权力大小等方面有着本质的区别。当下我国高校的权力结构大都以行政权力为主，学术权力为辅，共同合作完成高校的管理工作，但是大多数时候，学术权力是在为行政权力服务，也就是说学术权力的存在大多是在被动执行行政权力下发的决策、规定等。我国高校的行政管理部门承担的职能较多，例如高校的各项管理工作、高校的评估工作等，服务职能在逐渐弱化。总体来说，高校内部的大部分事务都是行政部门在管控，学术权力听命于行政主管部门。

高校作为教育机构，理应将教学与科研放在首位，也就是说学术权力应当是高校发展最主要的权利。重视学术权力的高校必然拥有一个自由、开放的学术氛围，参与学术研究的人员相关利益也会有所保障。而现实的高校管理却是行政权力领导学术权力。我国著名学者朱九思先生曾说过："大学行政管理的作用不容忽视，但不能因此就用行政权力代替学术权力"，尽管教育管理改革要求我们一定要重视学术权力在高校管理中发挥的作用，但是现实情况表明，这个要求距离实现还有相当长的路要走。

我国高等教育管理体制历来都是以行政体制为主，行政权力在高校中起到了领导作用。由于高校领导都是由政府部门任命，因此关于人事方面的事务高校无实权过问。在高校，党政部门的设置是对学术权力的另一种制约。此部门针对高校的各项事务进行监督与管理，并且对于高校教职工具有管理的权力。学术机构在行政权力的指导与管理下开展科研工作。全国政协委员、九三学社中央副主席邵鸿在全国政协十一届第二次全会上提出，九三学社最近一项问卷调查表明，六成以上的受访者认为，学术委员会的设立没有实质意义，完全形同虚设，高校内部行政权力始终大于学术权力。

2.高校内部管理机制不健全

高校的内部机构设置要经过政府管理部门审批，机构总数有限，人员编制也是有数量限制。但是高校内部私自设立科室的情况也并不罕见。例如，有的高校为了应对教育部的评估检查，专门设立一个"迎评促建办公室"。这些机构的设立都要按照处级建制，而且处室下还要设有很多科室。这样一来，简单的工作变得复杂化，而且任何一个科室一旦出了问题，牵扯的部门比较复杂，从而给工作增加了难度和成本。

在一些行政本位和后勤强势的高校，还会存在因人设岗问题。部分高校为了留住高学历、高水平的人才，会在学校内部给予其行政管理上的职位，即便暂时没有合适的职位，高校党委也会临时设置岗位，以便将人留在学校。另外设置的岗位无疑增加了高校的管理负担。正如管理大师彼得·德鲁克(Peter F. Drucker)所说：“组织结构必须尽可能包含最少的管理层级，设计最便捷的指挥链。”“每增加一个管理层级，组织成员就更难建立共同的方向感和增进彼此了解。”而且，“更为重要的是，管理层级越多，就越难培养出未来的管理者，指挥链中往上爬的过程中，往往造就专才，而非管理人才”。

三、高校内部管理机制对高等教育的影响

政府介入高校进行管理的模式对于高等教育学校的影响主要体现在两个方面：一方面，由于政府职能涉及范围较广，其中包括从高校的招生、管理到财务拨款、教学评估等，因此高校在这种管理模式下很难保证教师专注于教学与科研。而且以政府为代表的教育行政机构掌握高校主要领导的任免权，这对于高校来说不利于教育家办学。朱清时说过关于我国高校内部管理机制的弊端，他认为，我国高校的领导层都是国家相关教育行政部门负责任命的，治理高校也沿袭了行政机关的模式，而且对于上级领导的决策，下级人员只能被动服从，没有提出异议的权利。学校的教授没有实质的话语权，在高校的执教期间，只能听从上级的安排，或者也去迎合上级领导，主动融入管理层。在这种状况下的高校内部管理机制逐渐扭曲，背离了高校原有的学术氛围，产生了崇尚权力的校园文化。因此在这种管理体制下，高校很难实现自主化发展。另一方面，政府职能的过度干预会进一步强化高校的“官本位”思想。不少高校的教师将本该用于教学与科研上的精力放在了追名逐利上，过度看中行政权力导致了高校内部不良风气盛行，严重影响了高校的学术氛围。因此在不少高校中出现了“学者谋官、官谋学术”的现象。在高等教育学校中，学术能力才是高校的办学核心，判断一个教师的优秀与否要依据其学生能力的高低，而并非行政职位的高低。在“官本位”思想影响下产出的教学与科研成果，必然是为了迎合行政部门的评估，如此一来，高校面临的不仅仅是自主办学的困难，更是学术氛围的“污染”。

高校内部管理机制同样对于校内风气产生了一定的影响。校风对高校的办学影响是极为重要的，它体现出的是整个学校从领导到教师以至于全体学生所认同的

集体风气。当下高校的学术风气被行政组织的过多干预所影响,使学校的学术权力日渐弱化,而高校的教学、科研工作也很难按照自身的意愿去发展。在高校中掌握行政权力的大多是高校管理中的真正决策者,他们甚至掌握高校学术发展方向。同时,由于高校采用行政管理模式,因此高校会更加重视政绩建设,进而忽略学术成绩。在教师评聘或者年度考核中,标准是以数量为主而非质量,如论文发表数量、申请的专利数量等。而这样的评价标准与学术本源相背离。但是,仍有不少高校教师为了自身利益做出违背学术道德的事情,甚至是学术造假等,这些现象在近几年新闻中均有曝光,严重限制了高校内部教师队伍的发展。

"校—院(处)—系—室"四层管理是我国公立高校延续至今并且普遍实行的管理模式。高校各层级人员安排组织结构清晰,但是过于膨胀。拿典型的高校领导班子来说:20 世纪 80 年代初,普通高校校领导只有 7 个左右,包括:党委书记、校长、党委副书记和几个副校长。随着社会经济不断发展,高等教育事业也在不断寻求更加适合的发展路径,而且社会大众对于高等教育的关注度也在不断加强,大学规模不断扩张,但是扩张的范围确实在行政权力上,领导班子的扩张规模大于高校普通教师。一般情况下高校领导班子的组成人员多达 10 人以上。但事实上,高校的内部管理领导干部越多,办事效率反而越低,甚至由于层级过多导致诸多事宜变得复杂化。而且,高校行政部门的增多必然会增加高校的费用相应增多。因此高校的这种管理模式不适应当今时代的需求。

第七章 基于公共治理地方政府高校职能转变路径

第一节 重塑政府角色

一、树立治理理论观念

公共治理理论在我国的现实语境中，已经进入高等教育领域，为我国高校发展开拓了思路。利用这个新的理论支撑解决当前高校发展中存在的问题，必须重新树立公共治理理论观念。首先，公共治理理论提倡治理过程中多元主体的参与、治理过程中主体地位的平等及协调合作治理方式，这需要高校与社会多元主体之间的相互监督和相互配合，切实为实现高等教育发展而共同努力。其次，要做到树立学术本位观念，逐渐摒弃政府统筹管理的思想，要求政府重新定位自身角色，并确立高校法人代表的地位。与此同时，要加强高校管理人员在学术方面的服务意识，政府明确自身职能，保障高校管理工作顺利开展。另外，鼓励多元主体参与，践行以人为本，不断激发教师的工作积极性与创造性，重视学校师生的全面发展，切实尊重与关心广大师生的利益，激发其为高校发展而努力的动力。

二、明确政府角色

政府角色一般是指政府行使的职能与权力。我国中央集权式的统治在政府对高校的管理中体现尤为明显。政府是大学的举办者，同时也是大学的管理者。政府具有多重角色与责任。而这种角色的多重性却使政府不堪其重，出现权力界限模糊不清、管理任务繁多、管理效率低下等问题，政府对于自身在高校管理中的角色定位问题也严重影响了高校的自主办学能力，不利于高校的发展。从政治角度来讲，高校的发展是为国家培养人才，满足政府与社会的需求，因此在权力结构方面，应充分体现政府的理念。然而高校属于教育机构，它有着自身独特的学术氛围，同时在运行方式上也有自身发展规则。我国高等院校教育体制仍然采用分级分层的管理模式，这种模式必然产出的弊端就是“官本位”思想的严重泛滥，严重阻碍了高校的良性发展。在当今社会中，政府在各个方面对高校而言都非常重要，而且高校的发展也离不开政府的各种支持，包括教育教学资源配置、财政拨款、政策法律法规的保障等。高校无法真正摆脱政府的管控，因此在自主化发展道路上显得举步维艰。从资源管理视角来看，若能够采取市场主导的方式，使政府不再是以管理者的姿态，而是作为指导者给予高等院校支持与引导，指导高等院校的办学方式，而并非对高校作出评价。

随着时代的进步与社会的发展，政府管理社会的方式也逐渐向服务型转变，对于高校的管理模式也要理清思路，转变角色，集权管理的方式应当成为过去式，而适当简政放权、给予高校自主权才是当下新时代政府对高校应当采取的管理模式。一直以来，政府对公共组织的管理沿袭了传统公共行政官僚制的部分行使，政府在其介入某一领域时也会为其提供服务，但是在管理的执行过程中习惯于利用行政管理手段，往往忽略公共组织的真正需求。而公共管理理论的出现，促使政府对于自己在公共事务的角色定位中，有了新的思路和方向。有关专家及学者就政府在高校管理中的职能转变问题做了大量的理论研究，使政府能够更加清晰地梳理自身在高校公共事务管理上的角色定位，从而为高校的发展提供更加有力的推动作用。

要明确政府角色主要分为三个方面：一是将政府管理者和学校举办者的角色分离；二是将政府办学者与管理者的角色分离；三是将政府作为公立大学的举办者与

办学者的角色分离。以下从三个方面阐述政府角色的转变。

1. 治理理论视角中的政府

在我国，由于政府对于高校的管理结构存在已久，民众认为政府就应当是高校的管理者与创办者，而高校对政府也一直是依赖状态。在治理理论的广泛影响下，政府逐渐完成服务型的角色转变，改变了以往在民众心中的独权专制的权威形象，逐渐使人们摆脱对政府的依赖性。这种转变，在一定程度上提升了政府的服务水平和办事效率。传统意义上的政府形象虽然深受民众的推崇与信赖，但是实践证明，这种政府角色存在一定的弊端，例如社会资源的浪费、政府办事效率低、政府权力偏大等，这些都不利于保障民众的切身利益。而现代政府角色的转变，首先以民众的切实需求与权利保障作为基本价值理念，明确定位政府职责，努力实现公共利益服务的宏伟目标。

政府向服务型角色的转变，首先要做到保障公共资源的供应。我国政府在公共资源的调配与使用方面，基本可以保障及时有效供应，其中就包括高等学校的财政来源。我国高等学校之所以可以顺利发展，也要得益于政府在财政等方面的重组供应。其次，在公共政策的制定上，现代政府要积极听取民众的意见与建议，多方面考虑问题，吸取社会的力量。不同于传统意义上的政府管理，现代政府虽然掌握行政权力，但是并不会因职权便利去对公共事务进行单方面的独裁专断，反而会积极考虑公众利益及需求。公共政策相对来说，是既保障了公民的利益，同时也发挥了监督政府的作用。再次，现代政府追求公共利益的最大化，即实现“善治”的过程，成为服务型政府的目标，从而使社会在一定程度上避免出现“一切人对一切人的战争”，也就是说避免了因为个人私欲膨胀而引发的各种社会问题，因此政府的决策对于公共利益方面的发挥起到了促进作用。总之，治理理论视角中的政府职能转变，符合当前社会经济发展的需求，对于高等学校而言，可以使其掌握主动权，从而协同政府等其他利益主体为提升高等教育水平服务。

2. 合理定位政府与高校的关系

政府与高校之间的关系本质上是权力如何分配和执行的问题。通过分析高校发展过程中产生的问题，我们从中得知，合理定位政府与高校之间的关系非常有必要。首先，从政府的角度来看，对高校的各项事宜进行管理、分配、调度等，使高校缺少一定的自主性；从高校的角度看，依赖政府的管理，会造成高校多方面出现分散混乱的局面。从理论层面上来讲，高等学校的发展离不开政府的统筹，但是高校属于教育机构，而政府需要承担责任的领域不仅限于教育行业，还包括国家安全、经济发展、公共政策等，若从机构的本质上来说，高校与政府之间的社会地位没有可比性，但是，高等学校作为政府的行政隶属单位存在，而政府对高校的行政管理依然成为一种常态，人们认为政府与高等学校之间的这种关系似乎是理所当然的存在。如此一来，高校被异化成行政身份明显的组织，使其作为高等教育组织机构的身份被弱化了，这种本末倒置的关系导致了高等教育的改革发展停滞不前。因此，只有政府与高校之间的关系真正理顺明确，才能确保政府与高校之间各司其职，保障政府和高校之间的平衡关系，加快高校自主发展的脚步。

党的十八届三中全会提出“必须切实转变政府职能，深化行政体制改革，创新行政管理方式”，建立一种政府与高校之间的新型合作关系成为现代社会发展的必然之路。从政府与高校的关系来看，高校不应当只依附于政府的管理，它应当是一个独立的、自主的高等教育组织。从高校自身发展规律看，学术权力应当放在首位，政府的职责便是健全高等教育法律法规，为高校发展提供有价值的保障。从高等教育发展历程来看，设置行政级别在学术事务处理上发挥着重要作用。但是随着社会经济的不断发展，过度的高校行政化对于学校发展产生了不利的影响。因此，为进一步弱化这种负面影响，需要从现实问题开始解决。首先，要以我国基本国情为出发点，采取合理方式有计划地进行处理。其次，要逐渐取消行政级别，在原有基础上去掉不合理的成分，力求做到完善。最后，政府对于高校的治理方式要多样化，使政府的行政权力逐渐弱化，加强政府在宏观调控方面的作用。将政府与高校之间的关系理顺、理清，确保高等教育事业朝着更加稳步、科学的方向发展。

3.由“领导者”向“服务型”角色转变

高校的管理体制改革主要依靠政府的职能转变。我国受计划经济思想的影响较为深远，政府对于高等学校的管理长期处于领导者的位置，没有依据高等学校的实际发展进程进行合理规划，习惯性地通过行政方式直接干预高校事务的管理，致使高校法人代表形同虚设。因此，政府转变职能，做到政事分离，加强宏观上的政策支持、引导等成为现代高校发展的强心剂，也是现代社会发展的必然方向。无论是在培养人才方面还是科学研究方面，高等学校的职责都极为重要，高校培养人才的最终目的是回报国家与社会。而政府也是通过各种公共事务的管理保障基本职能的实现，最终目的也是为社会发展而服务，二者虽然形式不同，但是在最终目的上却是一致的。因此，在为社会发展的同时，政府与高校之间建立一种科学合理的合作机制，才能使公共利益最大化。那么，在这种情况下，政府向“服务型”角色转换就显得尤为重要。

首先，政府要树立服务者的形象，在治理范围上要清晰明确。政府的主要职能是为高校发展提供资金支持、资源供应、政策方针的制定以及法律法规的健全，而并非高校日常运作事宜。只有重新明确其治理范围，才能使高校的作用有效发挥出来。此外，在高校的评价问题上，应当从政府决定一切的局面逐渐发展成高校自评的机制，鼓励社会、个人等积极参与，使结果更加公平公正。政府在扮演服务角色的同时，要加强宏观调控，在遵循教学科研机构发展规律的基础上，对高校进行方针政策的指导，使其明确未来发展目标。政府对于高校最有力的支持还包括财政方面的支持，根据资源配置的情况，以及高校自身的需求，政府在财政资金方面统筹安排，切实做到满足高校发展的需求，加强其他利益主体参与评价机制的建立，除政府外，应当提升第三方组织等在教学评价、科研评审等方面的参与度。

其次，政府要适时转变管理高校的方式方法。由于此前政府利用行政手段直接管理高校内部事务，对高校的自主发展造成了一定的影响。基于高校发展的强烈需求，客观上要求政府运用不同于以往的宏观调控手段来科学合理治理高校。主要包括法律和财政两个方面，即健全法律法规，保障高校基本权益，使高校在发展过程中有法可依；政府在财政方面给予高校足够的支持来保障高校的稳步发展。

三、构建新型公共教育权力结构

高等教育领域的权力结构主要包含政府与高校之间、高校内部的权力关系。传统的政府已经无法适应高等教育发展的步伐，因此在权力结构方面亟须政府进行角色的转变，从集权到分权是政府必须要做的选择。其次，是政府的事权与财权的结合，针对高校具体情况进行财政拨款，制定了一个清晰的财政预算拨款体系。在教育资金方面要加大投入力度，利用多级分担制度来减轻政府财政负担。最后，政府通过授权的方式实现权力的下放，获得授权的单位可以更好地处理教学管理任务，提升管理的灵活性与主动性，更好地为高校层级管理组织服务。

第二节　法律框架

一、实现政府与高校关系的法律化

利用法律明确和保障高等院校所获得的自主权，是实现政府与高校职能转变的基本方法。政府与高校部门在本质上是不同的，因此法人制度与行使的权力也是不一样的。1985 年的《中共中央关于教育体制改革的决定》的颁布成为我国政府权力与学术权力平衡的转折点。《决定》中提出，要扩大高校办学自主权，并确定了高等学校的权力范围。1993 年《中国教育改革和发展纲要》中要求，高等学校的改革应当以政府调控监管为主体、学校自主行使权力的体制。《高等教育法》进一步从法律层面上对高等学校的自主权作了更加明确的规定。2010 年的《国家中长期教育改革和发展规划纲要(2010—2020)》中的第三十八条提出探索建立符合学校特点的管理制度和配套政策，逐步取消实际存在的行政级别及管理模式。这些政策的颁布为高等院校现代化监管模式提供了一定的法律依据。在当今的时代背景下，我们要根据法律法规来做出合理的举措。《高等教育法》具体规定了高校在教学、科学研究、招生、监管学校各项支出、学校收入的分配、对外交流等几个方面的自主权，因此，若想要高校顺利发展，必须确保高校有自己的办学自主权。在高等学校，能够得到好的发展条件是高校拥有更多的自主权力以及和谐的社会关系。院校自治原则是建立现代高等院校规章制度的奠基石。使高等院校的自主权力得到保障，不仅可以促进高校本身的发展，同时还会对国家和整个社会的发展起到重要的作用。

二、依法立章、依章治校

党的十八届四中全会提出，要全面推进依法治国，并对依法治国的原则、任务与目标作了战略部署。在这种背景下，高校在依法办事上有了更加坚实的理论基础。通过法律手段加强对高校的管控是十分关键的，政府将要施行的意志与规划渗透教育法律法规的制定中，可以帮助政府对高校的宏观管理，同时还可以保障高校的办学自主权。那么，在高等教育领域做到完善依法治校、办学，借助法律的力量加快高等教育的发展，便可以使高校师生的法律意识提高，并学会利用法律维护自己合法权益，通过法律保障完善高校管理制度。但是，从实践中发现，高校运用法律武器作保障与预想的效果相差甚远。究其原因是高校在法律层面的意识相对较为浅薄，也不会利用法律武器来武装自己，因此，高校的法律法规形同虚设，处于松散的状态。目前高校具体法律地位的规定仍处于不确定的状态，法人代表的身份没有确定，因此，高校发展改革遇到瓶颈。由此可见，高校应尽快完善法律法规，将高校法人地位予以确认，使之有法可依，尽量避免高校因自身缺乏法律保护而导致内部出现其他问题。

高校的发展离不开法律法规的监督，同样，在高校内部建立完善多元主体协同参与的监督体系也是高校顺利发展的重要条件。这种法律法规的监督体系包含高校教师代表大会、学生代表大会对学校权力运行管理行为的监督，并在此基础上同时发挥社会的监督力量对高校权力运行进行有效监督，同时发挥社会中介组织对政府财政的投资绩效进行评估，将高校内部管理权力公开化、透明化，接受学生家长、社会捐赠人士、媒体等的共同监督。从这里可以很好地体现监督平台及外部的新闻媒体到舆论作用等，从而形成内外相互结合、相互监督的有效模式，在一定程度上可以避免因为缺乏监督机制而引发的权力滥用的现象。

三、制定大学章程

2011 年 11 月 28 日，教育部发布了《高等学校章程制定暂行办法》。这些大学章程，从权力分配、体系构建、实施路径、制度保障上对高校管理的各个方面进行了标准界定。通过分析可以发现，大学章程规定的学校所享有的权利不可能突破《高等教育法》所规定的范围，但是在章程中体现了高校的办学自主权。大学章程作为高校办学自主权的法律基础，为高校提供有力的法律保障。而且大学章程有“大学宪法”之称，不仅可以落实大学的办学自主权，同时还能够统一大学内部的规章制度，可以平衡大学内部的各项管理行政权力。大学章程具有三个主要特点：从形式上来讲，大学章程是政府与高校之间的权力归属说明；从内容上来看，大学章程所拟定的是关于大学办学的方方面面，也是大学治理委员会与大学领导层的管理规范；从作用上来看，大学章程是一种教育法律的延伸，对学校内部管理人员具有监督、约束和治理功能。

《高等教育法》规定，高校需要提交一份大学章程，并且按照该章程实施自主管理，高校内部的规章制度可以在法律允许的范围内制定与施行，在高校内部建立能够正常运作的规章制度是非常有必要的。高校内部管理人员依据规章制度制定相关的决策并处理日常管理事务，这也是保障高校正常运作的有利条件。同时，高校内部的制度要结合高校自身的发展情况及办学理念，在此基础上制定未来的发展规划以及学校的具体管理措施。同时，高校的规章制度中要明确高校作为独立的法人所要承担的责任与义务。确定之后要通过上级领导部门的审核，经过审核后明确教育部门与高校之间的职责划分，从而保障高校的自主办学权。

大学章程的制定，是治理理论进入大学管理体制中的有效体现，同时也是建立法人治理结构的重要举措。与此同时，高校法人治理结构也要进一步完善，才能与治理理论完美结合，共同治理高校公共事务。大学章程的制定，让大学的管理体制从“管理”走向“治理”，这也是社会变革的必然要求，政府相关教育行政部门也要与高校共同合作，创建全新的高校管理机制来应对这种变革。提升高校的制度能力是中国高校质量改革的核心，而提升这种能力的关键便是政府的放权，放权于高校、放权于社会，给予高校管理制度更多的发展空间与权力自由。政府以引导者与监督者的角度指导并帮助高校制定大学章程，并制定改革大学管理制度的细则，拟定各项有关法律法规，充分保障高校的管理有效实施，使高校有能力接受政府下放的权力与责任。目前我国高校普遍存在的问题便是内部管理体制的问题，究其根本，与政府长期以来的集权管理有关，这些问题也严重阻碍了多年来高校的自主化发展。大学章程的内部效力可以约束学校成员，外部效力可以约束政府行为。因此大学章程的制定与施行是高校发展中必不可少而且极为重要的一步。

第三节　落实高校办学自主权

一、改革高等教育管理体制

党的十八届三中全会《中共中央关于全面深化改革若干重大问题的决定》中明确要求，要尽快完善高校内部治理结构，推进高校发展，提升高校自主办学的积极性，保障省级政府的统筹权力。随后，十八届四中全会也对加快深入推进此进程进行了明确规定，为高等教育学校的管理体制改革提供了强有力的政策支持。

首先，推进高校管理体制的改革，使各主体之间的利益最大化。政府扮演高等学校的“管理者”角色时间已久，给高校的发展带来一定的约束。因此，加快政府对高校的管理体制分离，实现两者之间的独立，成为当前最为主要的任务。政府首先要做到管理方式上的转变，改善其管理越位的现状，必须实现从微观管理向宏观管理、从管制向服务的方向发展；高等院校作为独立法人，是高校教育发展中最重要的一员，只有自身得到发展进步，才可以更好地引导整个教育事业的顺利发展。因此，切实落实高校自主、独立的地位成为高校发展的重中之重，评价体制成为衡量任何事物发展的参照标准，使其在发展过程中作出适当调整、改变，保证其朝着更科学的方向发展。高等教育的发展中评价机制占据重要地位，在发展中起到引领的作用，社会必须将自身的评价、监督功能用到实处，切实保障高等学校建立健全有效的监督评价结果机制。

其次，要实现分工明确，使各利益主体的职能更加明确。政府与地方政府的职能要明确，政府实施重大政策与指导工作，地方政府要贯彻执行，二者之间紧密配合，共同为高校发展提供服务与保障。高校应当舍弃原有的不良观念，努力争取自主办学权，而社会组织也是高校发展中必不可少的一部分，既能为高校发展提供监督、评价的服务作用，还可以将政府职能有效发挥，保障高校健康发展，体现了国家治理体系与治理能力的现代化现实要求。

2017 年 4 月 6 日，教育部等五部联合出台了《关于深化高等教育领域简政放权放管结合优化服务改革的若干意见》，意见中提出要尽快实现高等教育的“放管服”目标，随着我国高等教育的发展不断深入，“放管服”目标的实现是高校发展攻坚阶段较为重要的一步。在当前教育背景下，政府在符合国情的基础上适当放权，使高校获取更多的办学自主权，这样不仅可以增强高校的办学活力，还可以调动高校教师、科研人员等的积极性，对培养国家、社会发展所需人才起着重要的作用。加快高等教育领域“放管服”改革，需要做到以下几个方面。

首先，加强高校学科专业设置机制，加强下层省级的统筹作用，省级学位委员会在学士学位的授权方面拥有更多的自主权和话语权，使其在动态变化调整中，审核机制更加完善。为进一步增强高校办学自主性，对于符合学位授予标准和有能力承担国家重大科研项目的高校，在新增硕士、博士学位授予上不要求培养年限，根据实际情况进行自主培养，使资源得到合理配置。

其次，为了保障高校在专业设置方面的权利，要加强下层省级政府在本科专业上的管理统筹权，支持高校的主动权，从而使高校的专业结构更加完善、科学，以此来推动高等教育体系更加科学完善地发展。

另外，高校在人事方面的改善，也成为推进高等教育领域“放管服”的重要方面。高等学校是由教师组成，承担教学与研究的重大职责，高等教育事业推动着国家与社会的发展，为我国人才的培养提供强有力的保障。但是随着深化综合改革的要求，高校在编制方面不能满足高等教育事业发展的需求。因此，这方面的改革关系到高校质量的提升与长远发展目标的实现。在推进“放管服”改革的大背景下，高校可以采用自主制定聘用或者解聘的标准与要求，利用现有条件与资源自主公开招聘，以满足高等教育事业发展的需求。政府部门可以在此方面提供保障与服务。政府与高校之间的合作逐渐成为一种良性互动关系，对于高校办事效率方面起到了很好的推动作用，同时，还需要加快高等教育教师在职称评审方面的审批权，将师德表现作为评聘的首要条件，提升高校师资队伍的综合素质水平，摒弃以往以教师发表论文数量评职称的情况，重视在教师评价方面，将教学业绩作为教师评价的主要参考依据。另外，高校还可以依据自身学校需求自主组织职称评审、自主评价以及按岗聘用，直接提升高校引进人才的效率，大大提升高校的自主办学权。

二、转变高校治理理念，提升办学自主权

所谓高校办学自主权，主要指高校作为独立办学主体，根据自身办学特点与教育资源的配备，以学术自由为原则，以学术氛围为基础，以法律为保障，面向社会自主实施办学活动的资格能力，并且不依赖于任何其他机构或者组织、个人等的非法干涉。关于高校在办学自主权方面，政府也是不遗余力，积极配合高校。但是受我国国内现实发展环境、政府与高校之间在其他利益方面的冲突等问题影响，高校办学自主权的实现还有很长的路要走。这里提到的高校办学自主权是相对的概念，相对政府控制而言，政府作为协调社会各方面发展的角色，以权威的形象出现，高等教育的发展离不开政府的支持，同时又亟须拥有自己的自主权，因此高校的这种办学自主权并不是绝对的自主自由。

高等教育发展至今，合理利用政府的管理职能进行统筹管理，是可行的，也是必须的。党的十八届四中全会上提出“推行政府权力清单制度，坚决消除权力设租寻租空间”。对于政府而言，应尽快转变角色，在符合国情的基础上，适当下放权力，并确立高校自主使用权力的范围，如此一来既明确了政府在高校管理中的职能所在，又能使高校的办学自主权得到提高，同时还保障了高校的发展。这些情况在我国《高等教育法》中均有明确规定。随着政府服务水平的不断提升，扩大加强高校在其他方面的自主权非常有必要，例如高校的自主招生方面。高校办学自主权的扩大是高等教育体系逐渐完善的关键。另外，确立高校的法人地位，利用法人制度将高校与政府之间的关系进行梳理，也是在我国社会主义经济条件下比较有效的办法。在20世纪，我国高校一直受政府的集中管理，在法律上几乎没有独立的地位。但是随着我国社会主义经济体制的建立，高校逐渐开始与多元化主体进行合作，并建立密切的联系。为了更好地明确高校的发展及高校法人地位，使高校更好地为社会发展，从20世纪90年代以来，政府也在为高校法人地位的确立上积极努力。

2017年9月，教育部公布了世界一流大学与一流学科建设高校及建设学科名单，“双一流”建设进入实时操作阶段。这也是党和政府在高等教育方面作出的重大战略决策。“双一流”以学科建设为主要基础，并将其作为衡量与检测高校发展的标准，在高校发展过程中实施灵活动态管理。“双一流”对于学科建设的重视程度体现

在对于不同发展程度的高校的实施，对于发展比较顺利、并且取得重大成效的高校，采取更进一步的发展措施，激发高校更多的活力；对于发展进程缓慢而且达不到标准要求的高校，则减少支持力度，将减少的此部分支持力度用于支持发展较为顺利的高校。这体现了政府在高等教育发展方面的支持力前所未有，更加体现了高校在办学自主权方面不断扩大的良好势态。2017 年 9 月 22 日，河北省副省长徐建培在全省深化高等教育领域“放管服”改革中明确指出：“放管服”改革是贯彻高等教育深化综合改革及决策部署的需要，更是扩大落实高校自主权的一方面。贯彻实施现代大学制度的内在要求，成为激发高校办学活力、增强高等教育改革责任的现实诉求。因此，为了进一步清除高等教育改革发展机制的阻碍，积极调动高校教师、科研人员教学研究的积极性与热情，保障在高校各项事务上的财政经费的支持，不断落实高校办学自主权，必然会为高等教育的健康快速发展提供有力保障。

三、高校自主管理的法制化

高校自主管理的法制化主要指高校依托国家法律为主要保障与督促，按照法律法规的授权，维护高校的办学自主权，提倡高校师生学会利用法律手段保障自身合法权益。高校通过法律的实施，提升办学效益，使高校教育资源最大程度上服务于社会与国家。高校实现自主管理的法制化从以下几方面入手。

第一，建立健全学校内部各项规章制度，切实将教职工与学生利益放在首位，并且积极听取校内的各种声音，针对不同的意见与建议要及时处理，结合相关法律法规和学校总体发展规划确立管理制度。

第二，在高校的日常管理工作中设立由学校行政管理人员、教师、学生以及其他人员共同组成的独立监管委员会，形成对学校管理工作的监督和监管。

第三，学生、教师及其他高校工作人员应当增强权利维护意识，树立申诉理念，建立相应的申诉组织，在教职工与学生的自身利益与学校发生纠纷时，通过学校内部申诉、提出复议、提出行政申诉、提起行政诉讼等步骤来维护自己的正当利益。

第四，高校应当遵循“育人为本、依法建章、规范管理、加强监督”的原则，行使自主管理权力，利用科学化、法制化的管理方式促进学校自主化的发展，同时保障学校学生与教职工的利益。在高校的日常管理中，可以采取学生参与的方式，让学生在参与的过程中，更加了解学校管理模式，同时学生更能反映学校真实的问题，通过对学校的规章的了解，学生也能更好地保障自身的权益，一旦发生问题，也能够利用积极的手段解决。当然，学校的自主管理必不可少的便是国家法律的保障，而关于高校的法律条文，相关部门要作详细解释，以免在实施的过程中产生不必要的误会，并且在法律条文的细节制定上，积极吸取各方意见或者建议，针对高校实际发生情况制定相应的标准，降低潜在纠纷的可能性。

在当前阶段，高校在自主管理中出现的法律方面的问题较多，主要包括高校对外业务中签订的合同、学校的知识产权与名誉权方面的权益维护，同时还包括学生的权益保护、学生在校期间发生的矛盾冲突行为处理等问题。高校教师方面也存在职称与聘用过程中可能会出现的涉及法律层面的问题。当然高校的后勤或者其他内部管理部门，也存在着某些纠纷或者分歧需要通过法律手段进行处理。尽管高校在自主发展中存在诸多即将或者必然会发生的法律方面的问题，但是伴随着我国高等教育事业的不断创新发展，关于教育法律方面的细则也在不断完善，完备的法律法规在充分保障高校教职工切身利益的同时，也有利于高校的自主发展。政府相关教育行政部门在处理高校教师与学生等的法律问题时，充分考虑到其权利义务关系，妥善处理并保障各自的切身利益，同时政府相关行政部门还有责任和义务对高校师生进行法律宣导与援助，鼓励其利用法律武器保障自身合法权益，普及教育法律在高校中的应用。通过实践，也可以完善我国教育法律法规体系。实践不仅仅体现在处理教师与学生之间的法律问题，同时对于高校行政机构与高校内部管理出现的问题也应及时予以调整和解决。对于高校而言，正确梳理与学生之间的法律关系，是非常有必要的。首先，学生与高校之间因为受教育权而形成了一定的法律关系；其次，学生与高校之间，因为国家教育法律法规的监督与实施，形成了公共管理范围内的法律关系；最后，学生与学校之间，因为民法的调整，形成了平等的民事法律关系。

因此，在推进高校自主管理和依法治校的过程中，我们必须树立正确的法治观念。首先，从高校角度来讲，高校在推行自我管理时，要遵从法律面前人人平等的原则，一切利益以法律为基本准则，从法律的角度形式监督与管理的权力。同时要不断建立健全高校内部管理体制，使高校的决策机制更加法制化、民主化、科学化；建立重大决策的法律咨询与论证制度；建立重大项目的法律风险分析与预测制度；对于各项规章制度的制定与实行要严格遵循法律审查制度；加强法律机构建设，建立健全机构列席必要的校长办公会议制度。其中，重点是依法理顺政府作为高校的举办者的权利和作为行政管理的权利这两种不同角色、不同职能，推进政府转变职能。此外，政府与高校要依法落实办学自主权。

其次，从学生角度来讲，必要时，通过法律手段解决高校学生管理中出现的问题；鼓励学生组织参与高校管理工作，强调高校管理体制的民主性；对于学生的诉求要积极听取，并采取相应措施，保障学生的合法权益，但是若学生出现在在校期间的违法乱纪行为，与学生组织代表进行商议，依据法律规定依法对学生进行处理，这也体现了高校管理的民主化。

从教师角度来讲，严格落实《教师法》，保障教师合法权益的同时，也对高校教师在校任职期间的各项教学、个人行为等起到监督与约束作用。《教师法》的颁布，也有效避免了因高校自主权的实行与政府的放权管理给教师带来的权益放纵或者损害。首先，《教师法》是保障教师的合法权益，是政府及社会尊重教师、尊重知识的一种体现，尽管有立法的存在，也有这种尊师重教的传统理念，但是由于某些客观原因，在一些思维观念较为陈旧的地方，教师的权益很难保障，而且在教师的各方面待遇问题上存在诸多问题，这种环境下执教的老师必然心存不满，教学积极性也随之降低，从而影响整个教师队伍的稳定性。因此国家通过制定《教师法》，在法律条文中明确规定教师享有基本的权利，这些权利包括教师的社会地位、物质待遇、薪资待遇等，同时《教师法》也规定了，关于侵害教师合法权益的行为需要承担相应的法律责任，有了法律的明文规定，就保障了教师的自身权益与合法待遇，在高校自主发展的道路上，教师队伍也随之不断壮大，呈现稳定良好的发展趋势。

其次，《教师法》可以提升师资队伍的综合素质。学校的师资力量学校发展的核心，师资队伍的素质决定了教育的质量高低，近年来，我国教师队伍的思想政治素质、专业素质都有较大的提升，但是从总体来看，师资队伍的资源不均衡，部分教师的业务能力有待加强，这些都不利于教育事业的发展，《教师法》的制定，明确了实行教师资格制度，对教师的考核、任用、培养等都有明确规定，使高校的师资队伍从聘用开始便走专业化路线，严格优化教师队伍，对于师资的培养要有法可依，按照法律规定的措施努力建造出一支具有高素养的专业化教师队伍，适应现代教育事业发展的需求。

第四节 政府进行宏观管理

目前，政府与高校的关系是一种单向的、管理与被管理的关系，一般政府授权之后，高校依据政府的政策与决策进行日常事务管理。而这种单纯依靠政府授权管理的方式已然不适应当今高校教育改革的发展要求，并且严重阻碍了高校办学自主权的实现。因此，对于政府来说，比起管理者而言，政府更应当做好一个领导者与服务者。

一、实施明确的绩效目标控制

利用市场无形的理论来推动教育改革的发展，提升政府工作效率。同时采用企业式绩效考核标准，对各项工作任务进行评价，各部门通过制定工作计划和目标来完成任务的考核与监督，并且做到奖罚分明，让绩效考核结果公平公正，而且与评价标准及薪资水平相关联，逐渐建立有效的激励机制与多元化的考核评聘机制。在这种交互式评价中，教育管理的质量会同步提高，而且有利于教职人员的工作责任感的培养，并且逐渐成为高校内部文化建设的一部分，共同打造一钟价值观念与集体精神的团队。

二、推进依靠制定教育政策和标准的管理模式

高等教育政策标准的导向性与规范性可以对高校进行有效的管理，在国家教育改革中占据重要的地位。因此，政府对教育改革规划的侧重点在于政策的科学性与前瞻性，使高等教育的发展与国家的整体规划实现同步发展。而高校的教育标准则要对教育措施的实践性情况进行衡量。高等教育标准不同于教育法律法规，在评判标准上更为科学，而且针对的事务更加具体，例如，高等教育标准会涉及高校的硬件设施建设、财政预算、学生入学考试标准以及生源等问题。政府设立的高等教育标准是根据不同地区学校的基本情况，需要专业人士来制定，并保障高等教育标准的科学性、权威性与合理性，通过这种方法的制定可以充分发挥各高校的办学优势，并

打造出具有办学特色的现代化高校。

三、政府宏观调控管理

在传统公共管理视角下，公共管理的权力与责任都归于政府，而公共治理理论认为，政府在公共治理活动中，并非是唯一的主体，非政府非营利组织、政府和非政府之间的国际组织、各种社会团体等在公共事务的管理中同样占据一定的地位，也属于公共治理活动中的主体，而且各个主体之间存在一定的依赖关系。这些主体通过共同配合、相互协作，共同为了公共利益而努力，最终在这种公共治理语境下，政府承担着引导指挥的作用，同时也监督着社会各个主体之间的行为准则的执行。在公共视野下的高校管理中心，首先要充分发挥市场机制的作用，借鉴成功的企业管理模式，改善公共管理机制，提升公共服务的效率，建立适合高校自身发展的管理体系。根据经济学理论，高等教育属于“公共物品”，在公共治理理论的视角下，非政府组织与社会组织甚至个人都有提供“公共物品”的权利，而西方发达国家实行公共改革的主要目的就是改变公共服务的“公共性”。结合我国的国情，在民办高校的管理过程中，政府利用高校与第三方的优势与能力，从制定高校建校标准开始，通过财政、税收补贴等管理手段，借助市场运作方式对高校进行宏观调控管理。政府通过简政放权的方式，有效划分政府与高校之间的责任与权力，鼓励高校自主化发展，并且为高校提供有力的法律保障，理清政府与高校之间的权责关系，保障高校可以独立行使职权，政府不再过度干涉。在此基础上，高校的自主发展在政府的放权与法律保障的基础上稳步向前，逐渐形成了公共治理多元主体之间的合作互动，并且为公共治理理论建立机制提供了发展空间。

在公共治理理论的影响下，政府宏观调控管理的方式具体有以下几种改变：微观→宏观、执行→统筹安排、领导型→服务型。这三种改变具体体现在计划、法律和经济调控。

首先是计划调控。在引入市场机制后，为了满足公众更多需求，体现为公众服务的行政理念，政府需要在分析市场需求变化和高校培养能力的基础上，对高校教育目标与市场需求进行对接，制定出符合社会发展的高等教育改革实施计划，并且对高等教育的活动实施进行宏观调控，统一协调政府与高校之间的关系。

其次是法律调控。现代化社会需要法制化建设，完善法律制度，具体表现为：通过法律手段形成有利于高等教育的市场化运行模式；政府通过法制化建设，形成在法律面前人人平等的法制与政策环境，并做到有法可依、违法必究、执法必严。

最后是经济调控。实践证明，经济调控是政府管理高校的有效手段。若没有有效、合理的拨款制度，政府无法运用经济手段发挥其导向作用。高校实现自主办学、招生之后，能够实现高校管理办学的市场效率，更好地促进高校适应社会发展的能力；从另一个层面来讲，充足的教育经费可以确保高校满足社会发展的多项需求。

第五节　加强评估与监管

一、发展引导评估中介机构

高等教育评估中介机构是依靠政府力量自上而下组建而成的，是由专业的评估人员对高校工作进行评估，其结果是可以作为教职工评级升职的考核标准，也体现了政府对高校行使的权力。首先，引导评估中介机构是代表政府来对高校进行评估审核，既传达了政府的意愿，同时还可以避免政府对高校管理事务的过多干预。其次，提倡评估机构中的人员引进社会力量，从社会群体中选择有能力的成员，让所有组成人员均有发表言论的自由，通过参与实践评估，了解真实情况，提出切实可行的建议，这样可以有效促进高校管理的科学化、民主化发展。

1.高等教育中介机构的功能与特征

高等教育中介机构从某种角度上来讲，可以履行政府的决策并承担部分责任，主要功能体现在咨询、评估、监督、保障等方面。咨询服务的职能主要是针对政府对高校的教育决策进行咨询研究，同时为各级政府的宏观管理、发展目标的制定以及高校的教育决策等提供咨询服务；评估职能主要是对于高校自主管理方面的情况制定标准并进行评估，将评估结果公开化，以便于政府、高校、社会对学校的各种事务有较为直观和详细的了解，同时高校根据各自的评估结果，寻找解决问题的思路，借鉴其他比较有成效的经验，促进本校的良性发展；监督职能主要是针对高校的自主招生、财政支出等方面，及时发现高校存在的问题并指正；保障职能主要是指在高校自主发展过程中涉及的关于法律纠纷或者教职工的利益受损等情况，均可以提供此方面的支持与保障。高等教育中介机构不仅是针对高校的咨询保障，同时也可以为政府的公关管理提供发展前景分析。

国家经贸委副主任蒋黔贵在2002年的"中央第六届企业国际研讨会"上曾指出，"中介组织是一种连接的纽带，纽带双方通过某种形式进行协调平衡发展。中介组织也是保证现代市场经济能够平衡高效运转的系统之一，其提供的市场中介服务是我国经济改革过程中发挥作用最突出的一个领域"，由此可以看出市场中介服务对于经济发展的重要性，而市场经济的发展往往会影响高等教育的竞争力，因此高校对于市场中介服务的需求越来越大，这也源于高校意识到自身竞争力的增长会给学校带来的长期发展。

2.加快建立健全高等教育中介机构的途径

要尽快建立建全我国高等教育中介组织，政府的制度创新与改革是必不可少的。首先，要通过法律条文的颁布施行规范化管理，通过制定中介组织法，对中介组织的性质、职能等属性进行规范，其中也包含中介组织的经营形式、所有制形式等；通过中介行为法，防止中介机构出现不正当的行为，维护教育中介组织的客观公正的地位和服务对象的合法权益。其次，加快政府职能的转变。政府在改革对高校的管理模式中，适当简政放权是对高校自主化发展的推动，对于教育中介组织也要同时协调并主动引导其参与高校的监督评估，根据各高校的资源配置情况与教育教学发展情况，与中介机构共同制定评估标准，根据评估结果有针对性地对高校加大财政拨款力度、配置相应的教育资源，通过中介机构在中间的协调对高等学校进行宏观调控，建立有效的科学的沟通机制，以合作、沟通的方式促进教育中介机构的发展。

二、高等教育评估与监督

在公共治理进程中，政府重视成本意识，公民关注监督意识，我国高等教育今后不容忽视的长期战略目标是保证质量，这需要确保目标实现的强大而有效的推动力。长期以来，我国高校采取政府单一评估的模式，如课题要求、经费申报等。高等教育缺乏有效的评估手段与专业性中介机构。国家和政府应当更多地关注评估规则与制度的制定与运行，保障评估手段在教育教学中的地位。2004年10月，我国成立了“教育部高等教育教学评估中心”，高等院校的教学采用五年一度的评估机制，并建立经常性的发布高等学校教学数据的制度。高校的教学被作为教育评估的重点，使社会及时了解高校教学水平。教育部门加强与社会组织的合作对高等学校专业教学进行评估，保障专业评估与专业认证相结合的质量评价机制。

从高等教育质量的宏观控制来看，评估本质上是一种重要的问责机制。随着政府的权力下放，高校拥有越来越多的办学自主权，那么随之而来的便是更多的责任，因此宏观控制手段也从问责出发。那么今后教育评估的发展趋势是：加强分类指导和周期性评估，在自愿申请的基础上启动专业评估。目前，国家的评估标准是高等教育质量评估的唯一标准，无论何种类型的高校都必须严格按照国家评估标准进行教育与科研活动，不存在高校评估标准的多样性。《中长期发展规划纲要》指出，要对高等教育学校进行分类管理，依据不同地区高校的发展特点进行教育体制的改革，政府部门要充分发挥其“引导者”的作用，为各地区高校发展提供发展思路与发展方向的参考，保障高校科学、稳定的发展，鼓励高校合理定位其办学特色，根据地区差异形成各自不同的学校风格，避免高校间同质化的倾向，引导高校在自身擅长领域充分做到创新发展，为争创一流高校而努力。因此政府在高校资源配置上，适当根据高校发展特色采取激励机制，提升高校的主观能动性。

政府对高校的评估主要是对高校的办学方向、教学质量方面起到监督与引导的作用，政府要发挥导向作用，国家应当要求获得重点支持的高校公布自己的中长期目标，给予政府和社会更多的知情权与监督权。当前政府的任务是营造高校的平等竞争，依据不同发展目标的要求，制定合理的评估规范，引导高校进行自我定位，评估高校教学质量。

高等教育评估机构的作用是检验政府对高校管理改革的实现效果。评估作为程序最后一个环节，起到了修正、引导和激励的作用。在对高等教育管理工作进行评价的过程中，要将高校的发展理念与发展方向一同列入高校的考核工作中去，集中社会各阶级群体的力量，建立健全合理的评价指标与评价机制，及时总结经验教训，提升工作效率。除此之外，对于日常事务的管理，政府的主要职责是监督评估机构的实施情况。

三、推行政务公开

政务公开是民主参与的前提，现代化高校建设离不开民主法治的原则。在高校的管理活动中，增加政策与决策的透明化与公平性，通过建立民主协商、民主决策制度，充分体现民主权利的重要性。高校也可以通过网络平台推行政务公开，将高校政务管理信息公开发布在网络平台上，并利用这种方式起到监督高校事务的作用，更好的接近群众，让广大教职工享有知情权，从而更好地参与到高校的事务管理中来，使高校在民主、公平、合理、法制的道路上稳步前行。

第八章　实证研究——天津市政府高校治理与效率分析

本章以天津市"人才强市""科教兴市"为宗旨，以转变政府教育职能为目标，以社会体制改革为背景，将公共治理理论融入政府职能转变之中，促使政府在高校教育职能方面依法行政，适应未来发展，形成政事分开、权责明确、统筹协调、规范有序的教育管理体制；推进政校分开，建设依法办学、自主管理、民主监督、社会参与的现代高校制度；推进依法评价，建立科学、规范、公正的教育评价制度；真正促进政府职能转变，为构建服务型政府奠定基石，为天津市形成人才聚集高地，争创一流教育提供理论支撑和保障。

第一节　DEA 模型教育运用

DEA 模型作为一种非参数化评价方法，它以相对效率概念为基础，通过 DMU 与有效生产前沿面的距离判定 DMU 是否有效。但是 DEA 方法本身也存在着一些缺点。比如，当 DMU 总数与投入产出指标总数接近时，利用 DEA 法测得的技术效率与实际情况偏差较大，而且 DEA 法对技术有效单元无法进行比较；但最为关键的是，该方法忽略了随机误差和外部环境对生产行为的影响，而且这种影响在面板数据中尤为严重。正是由于 DEA 模型无需统一指标的量纲，也无需预先估计参数，而是借助最优化过程来确定权重，避免了人为因素对指标权重的影响，保障了研究结果评价的客观性，加之运算简化、误差较少等原因，DEA 模型在 20 世纪 80 年代初开始流行起来，1978－2007 年的这三十年，有关 DEA 的文献超过 4000 篇，尤其是在 2004－2006 年，其增长速度年均达到 360％，形成了以库珀、格罗斯克服以及森古普塔为首的领军人物，形成了以效率、经济学、管理为首的关键词，形成了以银行、教育（包括高等教育）为最热门的应用领域。国内学者魏权龄（1988）作为第一个系统介绍 DEA 理论和技术的引领者，揭开了国内研究 DEA 的序幕，并迅速将其推广至经济、管理、教育、卫生等领域，截至 2015 年 11 月，在 CNKI（中国知网）数据库中按照篇名检索到的 DEA 文献就超过了 7514 篇。可见，无论是从理论模型还是实证分析角度，DEA 模型正逐步得到众多研究人员的关注。

教育领域作为 DEA 研究的重要领域也得到了众多学者的关注。早在 1974 年，莱文（Levin）就利用这一模型实现了对教育生产的技术效率测量。EDA 这一方法的原理是通过对多输入、多输出系统的多个决策单元的相对效率的测量，实现对教育系统的意义测量，并且在投入产出的指标方面并没有做出苛刻的限制。贝森特等（1982）以休斯敦独立学区 167 所小学为对象，发现其中 89 所是高效的，78 所在利用其资源上是低效率的。基于这样的研究，教育生产力促进局已经在得克萨斯大学奥斯汀分校为所有的会员学校提供年度分析任务。格罗斯科夫等（2001）基于 1988 年的站点管理（site-based management），评估了 1989－1994 年间芝加哥高中分权的有效性。查克拉博蒂等（2001）采用两种随机和非随机生产函数法衡量了犹他州公共教育的技术效率。Ying Chu Ng 等（2002）为探讨 80 年代中期中国教育改革实施的有效性，以 84 所国家重点高校为研究对象进行了研究，结果发现高校效率具有区域差异，虽然从整个视角来看效率低下，但从区域来看 1993－1995 年的效率有所提高；从效率的分解来看，技术、资源配置以及再分配均处于无效状态。

国内最早使用 DEA 法评价教育的是陈通等在 2002 年发表的《我国高等教育投入产出相对有效性的评价研究》，之后傅毓维、邵争艳（2004）利用复合 DEA 方法评价了我国区域高等资源配置现状，分析了影响区域教育资源优化配置的原因；田东平等（2005）从高校科研效率视角进行了研究；孙希波（2006）提出，针对区域间高等教育与经济发展协调度研究，首先要确认高等教育与经济增长的关系是否真实。检验的第一步为逻辑关系检验，即是否为“原因在前，结果在后”的检验。这种检验通常可以通过“格兰杰因果检验”来实现。最终得到的分析成果为我国大部分省市处于极度不平衡状态，即使两者之间处于同一水平，也只是实现了低水平上的相对平衡。但在普遍现象中也存在一些特殊情况，例如，天津高等教育从数据上显示为过度超前，但是山东和广东从数据上则表现得严重滞后。这一特殊情况表明，一方面，高等教育发达不一定能完全转化经济发展的动力；另一方面，高等教育欠发达，则经济发展必然缺少推动力。

王亚雄等(2007)将投入指标定位经费、固定资产、人员、设备和图书，以学生和科研成果为产出，对 2001 年、2004 年我国共 72 所教育部直属重点高校的资源配置效率进行了分析；鲁雁飞(2008)对中国高等教育业规模效益进行了评价，结果表明我国高等教育平均规模偏小，主要源于投入产出效率较低，主要是高校平均在校人数这一指标不理想造成的。而成刚等(2008)使用面板数据 SFA 法分析了 2002—2005 年我国教育部直属高校(68 所)的成本效率，结果发现高校的整体成本效率值为 0.59，比理论最小成本多支出了 41%的成本。李瑛等(2011)运用超效率 DEA 三阶段分析了 28 个省市(不含新疆、西藏、青海)地方高校的科技创新效率，结果发现：地区经济发展水平、文化水平以及政府拨款在科研经费中所占的比例对效率没有影响；但对于某些地区，在投入不变的条件下，地方高校中的研发机构数太少和研究项目数太多是制约效率提升的主要因素。台湾学者林宝芬(2006)针对台湾 1991 学年度以前成立，目前仍持续招生且 1993 学年度已有毕业生的 122 所综合高中进行了经营绩效分析。陈增朋(2007)以专兼任体育师资人数和体育室当年度经费预算为投入项，选修体育课人数、开课项目与当年度校内体育活动办理次数为产出项，通过对台湾 10 所高校效率评价发现各校资源使用配置情形尚佳。许树仁(2010)则以台湾桃园县立国民中学为例进行了具体分析。应该说，这些学者的探索性研究，为我们进行研究提供了参考和思路。

第二节 天津市政府高校治理与效率分析

一、政府与高校职能定位

政府作为法律授权的高等教育宏观管理者，是教育治理的经济和管理主体，更是实现国家教育宗旨的重要途径，而高校作为实施办学的主体，也是教育治理实施的实践主体，高校通过整合利用内外资源实现教学、科研、服务社会等目标。长期以来，高校不仅办学自主权得不到有效发挥，而且成为教育行政主管部门的附属物，常常处于被动地位，导致办学活力缺失，创新意识不足，这种传统的政府单一管理模式已严重影响政校关系，阻碍了高校适应新时代、新环境的快速变革。政府与高校在高等教育治理过程中应充分发挥各自优势，实行联动、共同治理。政府不仅要转变行政职能，将办学权力真正赋予高校，发挥其在教育治理中的宏观主导与协调作用，而且要完善相关法律法规制度，以制度为保障，以制度为依据，清晰明确其权力边界，匹配权力与责任；还要构建合理、有效的公共教育权力分配与制衡机制，遏制公共权力在政府教育职能中的随意扩张。而高校则按照法律法规、学校章程依法依章办学，才能充分调动办学主体的积极性，提高自身的办学活力。

高等教育从“管办评”到“放管服”的变化，实际上就是政府不断探索教育体制机制变革的重要一条脉络，“管办评”分离强调的是增强学校自主权和社会组织的评价权，突出了政府、学校、社会三者的各自职能；“放管服”更加突出了顶层设计，是对政府教育治理改革的整体设计，无论是外延还是内涵更加丰富，更加强调了政府职能转变的理念，是高等教育发展、深化改革的必由之路和必然选择。教育治理作为一种通过给学校和社会团体下放权力，以授权、分权方式，让有利益关系的主体介入，解决多个利益诉求，破解政府行政权力过于集中的有效路径，是当前政策工具的重要表现形式。不管是“管办评”还是“放管服”，都孕育着治理现代化的元素，都要求清晰界定政府的边界，明确政府的职责，改变政府大包大揽，管得过多、过细、过死的局面，改变过去政府管理、办学、评价一肩挑的角色定位，充分发挥财政支持、协调统筹、检查督导等职能，改变传统人治型政府的管理模式，向法治型政府转变，真正实现高等教育管理、办学、评价的均衡管理机制，使国家权力回归于本源，减少政府对高校的行政审批。加快政府改革转型，力促高校自主办学，再塑政府与学校的新型合作关系，实现大学多元主体的自主治理，提升政府教育供给的质量，促进社会资本的增值。

当前我国正身处高等教育发展百年难遇的机遇期，“双一流”建设成为重点，但由于我国政府与大学的权利与义务关系还没有完全厘清，因此我国大学的诸多办学自主权没有得到有效落实。学科专业设置方面，政府对大学的学科专业管得过严；经费使用方面，政府对大学的收费过低，忽略了市场作用；科研经费方面，政府成为主导，社会资助等较少；大学招生方面，实行的还是严格审批计划和考核方式；教学管理方面，政府对大学的课程内容和课程考核直接干预过多。究竟哪些政府权力应该下放、大学具体需要哪些自主权，这些都需要深入探讨。总体而言，政府对大学的办学管得过窄、过死，这并不利于大学的创新和发展，从长久来看也不利于人才的培养。政府既想当“船手”，又想当“舵手”的期望，显然已不适应现代社会，尤其是新型法制化社会，什么也管不好是必然的结果。天津市政府教育部门的主要职责就是贯彻和落实党中央关于教育事业的方针政策、决策部署和市委有关工作要求，在履行职责的过程中坚持和加强党对教育事业的集中统一领导。

二、天津市政府与高校治理分析

事实上，随着放管服的深入，天津市政府通过改革政府教育管理手段、建立清单管理机制、建立教育资源建设动态跟进机制以及购买专业机构专业服务等举措推进了教育管办评分离，天津市教委更多立足于宏观管理，如发布的《天津市教育综合改革方案（2016 — 2020 年）》中明确提出提升教育治理能力，包括推进教育管办评分离、建立多元参与的教育督导评价机制、完善学校内部治理结构以及创新学校人事管理制度等。天津市教委作为主管高校的直接管理部门，目前主要关注以下情况。

一是教师师德师风建设，《市教委转发新时代高校教师职业行为十项准则 高校教师师德失范行为处理的指导意见的通知》《市教委转发新时代高校教师职业行为十项准则 高校教师师德失范行为处理的指导意见的通知》，出台了《市教委关于印发全面落实研究生导师立德树人职责实施意见的通知》(津教委办〔2018〕86 号)、《全面落实研究生导师立德树人职责实施意见》(津教委办〔2018〕86 号)、《市委教育工委 市教委关于2019 年天津市教育系统进一步贯彻落实新时代教师职业行为十项准则及违反职业道德行为处理办法的通知》。百年大计,教育为本;教育大计,教师为本。习近平总书记在全国教育大会上指出,建设社会主义现代化强国,对教师队伍建设提出新的更高要求。按照《中共中央 国务院关于全面深化新时代教师队伍建设改革的意见》,加强教师队伍建设,师德师风建设任重而道远。作为主管师德师风建设的重要职能部门,党委教师工作部承担着为高水平大学建设和立德树人、教书育人的根本使命提供坚实队伍保障的重要任务,但就目前天津市高校教师工作部来看,其成立是在 2018 年,不仅成立时间较短,而且人员不足,还没有形成一支相对稳定、适宜教师队伍教育管理的专业队伍,因此,导致师德师风建设工作出现薄弱环节。如教师师德和新入职教师培训不充分的问题。当前师德师风问题虽然有外部大环境的影响,但更重要的是师德培训不充分,教师工作部要在如何将师德师风培训内化为教师的个人意志上下功夫,增强教师对教师职业规范的内涵、对师德师风建设的重要性的深刻认识。同时,要加强师德师风的制度建设,完善师德师风教育、管理、监督机制,促进学校的事业发展。

二是强化服务,规范管理。2016 年天津市教育委员会出台了《天津市教育委员会权责清单动态管理办法》,明确了自己的管理权限,目前市教委权责清单包括行政许可 3 项,行政处罚 25 项,行政给付 1 项,行政检查 8 项,行政确认 2 项,行政奖励 3 项,其他类别 20 项。2018 年出台了《市教委关于印发 2018 年全面推进政务公开工作具体实施方案的通知》,2019 年出台了《天津市教育委员会全面推进行政执法公示制度执法全过程记录制度重大执法决定法制审核制度实施方案》。与此同时,加强考核,出台了《市委教育工委市教委关于印发机关考核办法(试行)的通知》(津教机关〔2019〕6 号),明确提出“机关干部的考核,按照好干部标准和建设忠诚干净担当的高素质干部队伍要求,以岗位职责和工作标准为基本依据,突出政治标准,全面考核德、能、勤、绩、廉等方面的现实表现”,同时按照“完善干部考核评价机制”“建立日常考核、分类考核、近距离考核的知事识人体系”。机关处室考核主要包括全面履行职能、服务大局和中心工作的情况以及实际成效,包括工作绩效、处室建设两部分。工作绩效主要对处室年初确定的重点工作任务、本年度承担的上级部门及市领导部署要求的重要工作项目、协助其他部门或处室完成的工作任务及取得的成效进行考核;处室建设主要包括对支部工作、内部管理、廉政建设、服务意识、依法行政的考核。

1.高校学科专业设置

为扩大高校学科专业设置自主权,各高校积极推进学位点设置和建设机制改革,探索和完善高校本科专业设置机制。天津体育学院为了尽快打破单科性院校学科专业建设中的瓶颈,充分发挥二级学院在学科专业设置中的作用。完善学位授权点动态调整机制,落实博士、硕士学位授权点动态调整实施办法。各二级学院可以按照国务院学位委员会有关要求,开展硕士学位授权审核和博士学位授权初审工作,如体育经济与管理学院在体育学一级学科下设体育管理学硕士点,体育教育与教育科学院下设体育学二级学科体育心理学专业;体育文化学院新闻专业设置了新闻与传播硕士点。鼓励撤销需求不足、水平不高、达不到合格评估标准或不符合办学目标、定位要求的授权点,支持增列符合经济社会发展需要、特色鲜明、发展潜能明显、有利于优化结构的学位授权点,限制增列当前培养规模偏大、招生困难、就业困难的学位授权点,不断优化学位授权点类型、层次、区域布局和高层次人才培养结构。2015 年学校获批体育经济与管理专业,2017 年首次招生。旅游管理专业近五年均停招,2019 年在教育学学科门类中下设学前教育。同时,引入专门机构或社会中介机构,定期对新增学士学位授予专业及新设置本科专业方向进行审核评估,将评估结果作为本科专业(方向)继续招生、暂停招生和调整招生计划的依据。

天津职业技术师范大学为顺应学位与研究生教育工作优化结构和提高质量的时代要求,建立健全学位授权点动态调整的长效机制,推动学校学位与研究生教育走内涵式发展道路,提高服务职业教育发展和地方经济发展的能力和水平。学位授权点动态调整要以满足国家职业教育和地方经济社会发展需求为前提,在全面深入分析地方经济社会发展现状及需求的基础上,从战略上有针对性地对学校学位授权点进行调整。动态调整过程中充分发挥校学位评定委员会和专家组的作用,采取在各学位授权点自愿与政策导向相结合的基础上,尊重各方合理意见。增设的学位点应注重与职业教育发展、京津冀产业发展、社会就业需求、科技发展前沿趋势相衔接,保障学位授权点建设的质量。学位授权点动态调整的范围为:未获得一级学科硕士学位授权且该一级学科下仅有一个二级学科的授权点,硕士招生生源不足的一级学科。每年学校主动撤销学位授权点并自主增列其他学位授权点的数量不超过两个。学校拟增列学位授权点的数量不得超过主动撤销学位授权点数量。主动撤销学位授权点后不同时增列学位授权点的,可以在今后自主调整中增列。主动撤销的学位授权点,不得在五年内再次通过动态调整的办法增列为学位授权点。对撤销的学位授权点在三年内实行有限授权。在有限授权期内停止招生,但保留对已招收研究生的学位授予权。

2.高校编制及岗位管理

为深化高校人事分配制度改革,建立健全岗位设置管理制度,实现人事管理的制度化、规范化、科学化,提升学校整体实力,根据《天津市事业单位工作人员竞聘上岗暂行规定》,各校都进行了积极探索。天津外国语大学出台了《天津外国语大学绩效工资实施办法》(津外大党〔2014〕14号),按照《天津外国语大学2015－2018年聘期岗位设置管理与聘任工作实施方案》,于2015年实施了新一轮岗位设置与聘任工作。在岗位聘任中,突出了重心下移,二级管理。以深化校院两级管理体制改革为突破口,下放管理权限,按照"依法合规、权责一致、灵活有效"的原则,推进管理重心下移,努力形成责、权、利相统一的管理机制,进一步增强办学活力和发展动力。除教师二、三级外各级岗位均按比例将职数下达到所在单位,由各单位自主聘用、考核。上一轮岗位设置的职数由学校控制,本轮聘任中,将聘任权力下放到单位,学校只负责掌握标准、控制比例。与此同时,积极推进科级干部交流轮岗,有计划地推进在执纪执法、干部人事、审计、招投标、资金管理等关键岗位的科级干部交流轮岗,特别是在同一职位任职满十年的干部应当进行交流或轮岗,同时兼顾其他岗位科级干部的交流轮岗工作。

天津体育学院根据上级编制核定数和岗位设置相关文件进一步推进两级管理,按照各学科、各专业发展和教学科研工作需要,合理确定年度增加编制数,有效配置各类人力资源。同时,学校在原有基础上进一步下放岗位聘用自主权,学校负责三级及以上专技岗位的聘用,各单位负责四级及以下专技岗位的聘用,在学校核定的人员控制数内,教学单位按规定设置各级各类岗位,试行动态调整。根据专业与研究需要，教学单位可自主设置和调整系（部）及学术、研究机构。

中国民航大学2015年出台了《中国民航大学校院两级管理体制实施办法》，明确了校院两级管理权责清单；天津科技大学2017年出台了《天津科技大学岗位定编与编制管理办法（试行）》，将编制类型分为基本教育规模编制和非基本教育规模编制，按职能和任务分类，基本教育规模编制主要分为教师岗位、教学科研辅助岗位、党政管理岗位和工勤技能岗位四类编制。

事实上，天津市高校虽然一直强调编制，但各高校并没有明确的编制数，而是按照《天津市高等学校、义务教育学校、中等职业学校等教育事业单位岗位设置管理的三个指导意见》（津教委人〔2008〕18号）文件，由天津市人事局确定了各校岗位设置总数。直到2017年开始，天津市编办才先后下发文件，如《关于在市属部分高等学校开展人员总量管理试点工作的通知》（津编办发〔2017〕577号）、《关于核定天津科技大学等16所市属高等学校人员总量的批复》（津编办发〔2018〕84号）、《关于市纪委监委驻天津师范大学等15所市属高校纪委监察组机构编制事项的批复》（津党编发〔2019〕33号），对各高校实行总量控制，按照岗位设置科学，运行管理规范，职务能上能下，待遇能高能低的改革方向，建立适合单位各类人员特点的岗位管理制度，逐步实现由身份管理向岗位管理转变，调动各类人员的工作积极性，促进事业的发展。

3.高校进人用人环境

按照国家政策，天津市事业单位很长一段时期内都采取的是“退一进一”的编制管理及进人政策，这对高校人才引进和管理带来了一定影响，加大了师资引进的难度，导致学校事业编制紧张。为有效调配人力资源，各校科学规划公开招聘计划，将选人用人的权力赋予各招聘部门，学校主要负责对公开招聘工作的指导、监督和服务。对于招聘岗位的条件和标准，将权限下放到各招聘部门，各招聘部门根据自身实际情况科学合理地设置所学专业、学历学位、需求人数、年龄等招聘条件，经学校领导班子集体研究确定学校年度公开招聘计划。与此同时，为缓解用人紧张问题，各校出台了相关文件，规范管理、合法用工，如《天津体育学院非事业编人员聘用管理办法》《天津外国语大学劳务派遣人员管理办法（试行）》《天津职业技术师范大学劳务派遣用工管理暂行办法》，形成了相对固定与流动岗位相结合的师资队伍结构。

人才作为事业发展的基础，是高校生命力和未来发展的潜力所在。近几年，伴随着天津市对高等教育的关注，天津市各高校广纳人才。天津工业大学作为其中的典型代表，应该说这几年成果显著，该校牢固树立“人才是立校之本、兴校之源”的工作理念，坚持把人才作为推进学校事业发展的第一资源，始终坚持党管人才的原则，实施“高层次人才年薪制”“天工学者特聘教授制度”“天工杰青支持计划”“教师实践能力提升计划”“骨干教师培养计划”“博士后管理办法”等具有“天工”特色的“高水平师资队伍建设工程”，积极贯彻落实人才强校战略，着力加强人才培养、引进和使用，一方面鼓励学院与相关职能部门共同“走出去”，赴美国、英国、德国、法国等国家和地区的世界名校招聘海外人才，同时选派青年骨干教师带引才任务赴外学访交流，逐步掌握丰富的海外人才资源，建立起广泛的海外信息网络；另一方面，主动“请进来”，在市属高校中率先举办“津门学者”国际青年论坛，邀请海外知名高校或科研机构的青年人才到校交流，同时鼓励二级单位通过分论坛、学术会等载体积极拓展国际交流渠道。对于已引进或拟引进的海外人才，借助国家及天津市人才政策，精心组织其申报标志性人才计划，并制定可行的合作计划和考核目标，充分发挥其作用，为“我”所用。2018 年 1 月，天津师范大学首届国际高端学者论坛召开，来自美国、英国、加拿大等 11 个国家，香港、台湾地区及国内颇具影响的 51 位英才齐聚一堂。2018 年 2 月天津市出台了《天津市进一步加快引育高端人才若干措施》，涉及顶尖人才、领军人才、高端创业英才、高层次人才以及国际学术交流、海内外博士(后)来(留)津等各类人才。

事实上，各校为引进和培养人才，出台了各类政策，如《天津科技大学高级专家延聘工作管理办法(试行)》《天津职业技术师范大学高层次人才年薪制实施暂行办法》《天津工业大学杰出青年人才支持计划实施办法》《天津体育学院鼓励专业技术人员离岗创新创业暂行办法》《天津城建大学关于深化职称改革鼓励专业技术人员创新创业的意见》《天津师范大学突出业绩奖励实施办法(试行)》《天津职业大学思想政治理论课特聘教授选聘与管理实施细则》《天津财经大学关于引进高层次人才的实施办法》，这些政策的积极探索与实施，为天津市高校的人才发展注入了活力，更加激发了天津市人才的聚集效应。

4.高校教师职称评聘

职称作为专业技术人员学术和技术水平的标志，是一个人学识和工作实绩的真实反映，更是人才资源评价的重要手段。自 1956 年《高等学校教师学衔条例》出台到 1960 年国务院颁布《关于高等学校教师职务名称及其确定与提升办法的暂行规定》，再到 1986 年国务院转发《关于改革职称评定、实行专业技术职务聘任制度的报告》，高校职称制度历经五十余年，可以说为国家人才培养发挥了积极作用。

长期以来，天津市高校实行的是评聘制，即评审与聘任相结合，先评后聘，评审主要关注于申报人的学历及资历条件、教育教学条件、业绩成果三个方面。面对新时代，天津市职称评审也在不断完善与创新，高校作为职称评审的重要领域，在机制体制变革上积极探索。2014 年天津市人力社保局、市教委打破原有评审体系，出台了《普通高校教师等专业技术职务“以聘代评”工作实施意见和普通高校教师职务基本任职条件规定》，对天津财经大学、天津中医药大学、天津师范大学、天津医科大学、天津科技大学、天津工业大学、天津体育学院、天津外国语大学、天津商业大学、天津理工大学、天津城市建设大学、天津音乐学院、天津美术学院、天津农学院、天津职业大学、天津职业技术师范大学 16 所高校实行了“以聘代评”工作，赋予了高校更多的自主权，在高校教师、自然科学研究、社会科学研究（含教育教学管理研究）、实验系列四个系列中进行以聘代评，其他系列（专业）按原渠道、原办法，报送天津市相应系列（专业）评委会进行评审或参加国家考试。2019 年天津市人社局下发的专业技术职称申报评审工作的通知中，推出了十项优惠政策，精简了五个申报要件、优化了六个申报流程，打破了六类申报限制，在继续教育上实行承诺制，进一步规范职称评委会管理。

天津体育学院在以聘代评工作中，积极探索分类改革，将教师系列分为“教学为主型”“教学科研并重型”“科研为主型”三类，同时积极完善同行专家评价机制，建立以代表性成果和实际贡献为主要内容的评价方式。对应聘高级专业技术职务者需提交任现职以来符合申报条件规定的、代表本人最高学术水平与能力的两部代表作送同行专家评审。应聘正高级专业技术职务者，送五位同行专家评审，五个评审意见总分值应为≥2 为通过同行专家评审；应聘副高级专业技术职务者，送三位同行专家评审，3 个评审意见总分值应为≥1。申请破格者，评审专家意见必须都为“已达到”。

天津外国语大学则将职称聘任与教学质量评价挂钩，每位申报人员提供专家听课情况表；实行师德“一票否决”，将师德考核摆在专业技术职务评聘的首位。按照《天津外国语大学教职工师德考核办法》(津外大党〔2017〕34号)文件要求，加强对师德的考核环节，近五年来师德考核累计两年为优秀者，同等条件下优先晋升高一级职称；在最近三年中，其中两年师德考核为基本合格者，或有一年师德考核为不合格者，不得申报高一级职称。教授、副教授师德考核为不合格者，自发现之日起降低一级聘用，直至合格为止。为响应国家“一带一路”战略，培养急需的非通用语种后备人才，学校对新增的13个非通用语种专业，包括波兰语、土耳其语、乌尔都语、希伯来语、印地语、乌克兰语、波斯语、豪萨语、柬埔寨语、匈牙利语、捷克语、芬兰语、白俄罗斯语及已有的马来语、泰语、印尼语等非通用语种，在原有聘任条件的基础上，进一步降低聘任标准，个性化制定聘任条件，并在名额设置上给予进一步倾斜。同时，将优秀网络文化成果纳入学校科研成果统计、各类晋升评聘和评奖评优范围。

事实上，随着国家破四唯的政策落地，论文不再作为评价人才的条件，职称外语和计算机应用能力考试也不作统一要求，品德被摆在了首位，着重参考代表作或标志性成果，极大激发了广大教职工的积极性和热情。

5.高校内部治理

内部控制建设作为落实“四个全面”战略布局和习近平总书记关于“要加强对权力运行的制约和监督，把权力关进制度的笼子里，形成不敢腐的惩戒机制、不能腐的防范机制、不易腐的保障机制”要求的重要举措，是推进高校治理现代化的重要抓手。事实上，各校在内部控制建设方面措施很多，一方面是直接出台内部控制的文件，如天津师范大学早在2016年就出台了《天津师范大学内部控制建设实施方案》，明确了内部控制建设工作目标，即将“预算、收支、政府采购、资产管理、建设项目、合同、内外监督等纳入一个统一的管控体系中，将制衡机制嵌入到制度建设之中，形成完整的制度体系”。为加强对科研管理内部控制的监督和评价，促进完善学校科研管理内部控制机制，落实科研管理责任，提高科研经费使用效益，2016年天津科技大学出台了《天津科技大学科研管理内部控制审计实施办法(试行)》，明确了从控制环境、风险评估、控制活动、信息与沟通、内部监督五个方面进行学校科研管理内部控制审计。一方面是采用第三方的形式，对学校内部控制建设进行全面规范，如

2016 年天津理工大学为加强内控建设，采用竞争性磋商方式委托天职国际会计师事务所(特殊普通合伙)进行内控建设管理咨询服务；2017 年天津体育学院委托天职国际会计师事务所进行学校内部控制建设服务，并就围绕为什么要开展内控体系建设、什么是内部控制、如何做好内部控制三个问题为广大教职工进行解读。另一方面，体现在学校民主管理和学术治理上，如《天津财经大学章程》“第五章治理结构与管理体制”，专门从领导体制与决策机制、学院管理体制、学术管理体制、民主管理体制四个方面进行了规定。

事实上，控制环境对于高校至关重要，控制环境的好坏直接影响内部控制运行的效果。面对复杂的社会环境，激烈的市场竞争，高校理应树立全面风险管理理念，建立风险管理制度，对科研、基建等重要领域、关键领域及时识别存在的风险，加大对重大风险的应对。特别是高风险领域，要从前期调研、立项、招投标等事前事中事后的全过程进行风险检测，建立控制程序，预防各类腐败和舞弊情况的发生。在人、财、物等方面，针对具体业务和管理内容，在各个关键时点，在决策、执行、监督、反馈等各个环节都要进行落实，为学校开展内部控制建设奠定坚实的基础。

三、天津市高校管理效率分析

随着高等教育大众化的发展，随着全民对大学教育的关注，学习的环境、政府的投入越发受到了民众的关注，是不是真的投入很多资金，是不是真的为实现经济社会快速发展提供了最有效的智力支持，是不是达到了很高的教育效能评价。教育资源有效利用，如何最大限度地发挥其价值，实际上也是高等教育发展会面临的问题。自 1978 年改革开放以来，应该说高校在服务国家及地方经济社会发展方面发挥了重大作用，也拓展了高校自身生存和发展的空间；但是长期以来，我国高等教育形成了“衣来伸手，饭来张口”的现状，对专业发展、学生就业的关注不够，这也是当前高校面对新时代所迫切需要解决的问题。无论是高校的内部效率，还是外部效率，都是关注的政府教育投入产出比。

1. 模型及数据来源

(1)DEA 模型

数据包络分析(Data Envelopment Analysis)，简称 DEA，它是一种最常用的非参数前沿效率分析法。1978年，著名运筹学家、美国德克萨斯大学三位教授Charnes、Cooper和Rhodes在《欧洲运筹学杂志》上发表的一篇重要论文“Measuring the efficiency of decision making units”(决策单元的有效性度量)中首次提出了基于相对效率的数据包络分析方法DEA，即CCR模型。该方法的基本思想就是将每一个被评价单位视为一个决策单元(Decision Making Unit，简称DMU)，通过对投入产出比率的综合分析，确定有效生产前沿面，根据各DMU与有效生产前沿面的距离，判断各DMU的DEA是否有效。事实上，DEA是一种以相对效率为基础，以凸分析和线性规划为工具的评价方法，它运用数学规划模型计算比较决策单元之间的相对效率，它并不直接对数据进行综合，而且正是因为决策单元的最优效率与投入产出指标的量纲选取无关，因而更能够理想地反映出评价对象自身特点，而且也适用于多投入多产出的有效性综合评价问题。

CCR模型基于规模收益不变(Constant Returns to Scale，简称CRS)的假设，建立了综合技术效率。假设有n个决策单位DMU，每个决策单位DMU_j(j=1，2，…n)有m种投入x_i(i=1，2，…m)，其投入权重为v_i(i=1，2，…m)；q种产出y_r(r=1，2，…q)，其产出权重为u_r(r=1，2，…q)；所有DMU_j效率值θ_j介于[0，1]区间内，越接近1，表示效率越高，当然这只是一种相对效率，是特定单个决策单位的效率值相对于该样本组群体的比较值，而当θ_j=1时表示DMU的效率在该样本组中最高。

$$\min\theta$$

$$\text{s.t.} \sum_{j=1}^{n} x_{ij}\lambda_j \leqslant \theta x_{ik}$$

$$\sum_{j=1}^{n} y_{rk}\lambda_j \geqslant y_{rk}$$

$$\lambda_j \geqslant 0, j=1,2,\cdots,n$$

$$i=1,2,\cdots,m; r=1,2,\cdots,q; j=1,2,\cdots,n$$

模型的最优解为θ^*，$1-\theta^*$表示在当前技术水平下，被评价决策单位在不降低产出的前提下，其投入能够缩减的最大限度。θ^*越小，意味着投入可缩减的幅度越大，效率越低。

(2)Malmquist指数

Malmquist生产率指数(Malmquist Productive Index，简称MPI)的概念最早源

于 Sten Malmquist(1953)的消费指数。1982 年,Caves 等将 Malmquist 的思想用于生产分析,通过距离函数(distance function)之比构造了生产率指数,极大地丰富了生产率增长的测算方法,但是由于 Caves 等并未提供测度距离函数的有效方法,因而其更多的是作为一种理论指数而存在。

1992 年,Färe 等采用 CRS 径向 DEA 模型将 Malmquist 指数(MI)划分为两个 Malmquist 指数的几何平均值。假设规模报酬不变条件下,令(Y_t, X_t)在 t 期的距离函数为 $d_0^t(Y_t, X_t)$,在 t+1 期的距离函数为 $d_0^{t+1}(Y_t, X_t)$;(Y_{t+1}, X_{t+1})在 t 期的距离函数为 $d_0^t(Y_{t+1}, X_{t+1})$,在 t+1 期的距离函数为 $d_0^{t+1}(Y_{t+1}, X_{t+1})$。这样,从 t 时期到 t+1 时期,以 t 期技术为参照的 Malmquist 数量指数定义:

$$M_0^t(Y_t, X_t, Y_{t+1}, X_{t+1}) = \frac{d_0^{t+1}(Y_{t+1}, X_{t+1})}{d_0^t(Y_t, X_t)}$$

类似地,以 t+1 时期技术为参照的 t 时期到 t+1 时期的 Malmquist 数量指数为:

$$M_0^{t+1}(Y_t, X_t, Y_{t+1}, X_{t+1}) = \frac{d_0^{t+1}(Y_{t+1}, X_{t+1})}{d_0^{t+1}(Y_t, X_t)}$$

这样一个以 t 时刻的生产技术为参照,另一个以 t+1 时刻为参照,Malmquist 生产率增长函数就分解为技术效率变化(EC)和技术变化(TC),数学表达式为:

$$M_0(Y_t, X_t, Y_{t+1}, X_{t+1}) = (M_0^t * M_0^{t+1})^{\frac{1}{2}} = \left[\frac{d_0^t(Y_{t+1}, X_{t+1})}{d_0^t(Y_t, X_t)} \times \frac{d_0^{t+1}(Y_{t+1}, X_{t+1})}{d_0^{t+1}(Y_t, X_t)}\right]^{\frac{1}{2}}$$

$$= \frac{d_0^{t+1}(Y_{t+1}, X_{t+1})}{d_0^t(Y_t, X_t)}\left[\frac{d_0^t(Y_{t+1}, X_{t+1})}{d_0^t(Y_t, X_t)} \times \frac{d_0^t(Y_t, X_t)}{d_0^{t+1}(Y_t, X_t)}\right]^{\frac{1}{2}}$$

(3)数据来源

根据投入产出变量选择的基本原则,本研究主要从“人、财、物”角度出发,选取学校年度教职工人数、教育经费总支出、学校占地面积、学校图书数量、学校固定资产总值为投入变量,选取本科年度毕业生人数、研究生年度毕业生人数为产出变量,选取了 2013—2017 年五年间的教育投入产出数据进行计量。以上数据来自《天津教育年鉴》(2014—2018),具体见表 5。

表 5 各变量的统计描述特征情况表

	教职工数	教育经费总支出	占地面积	图书数量	固定资产总值	本科毕业生数	研究生毕业生数
MIN	4576	665500	4489674	382.2	1149738	6136	4195
MAX	415	13181.55	21272	29.36	9248	672	20
均值	1686.93	99135.88	1284798.72	166.89	160448.57	3228.90	837.57
Std. Dev	1057.21	107186.69	1189544.72	91.44	193007.54	1663.33	1054.96
variance	1051.32	106589.54	1182917.67	90.93	191932.28	1654.06	1049.08

注:教职工人数单位为人,教育经费总支出为万元、占地面积为平方米、图书数量为万册、固定资产总值为万元,毕业生人数为人。

2. DEA 模型分析

根据 DEA 投入导向模型,利用 MaxDEAP Pro 软件对天津市高校 2017 年投入产出效率水平和规模报酬进行分析,具体结果如表 6 所示。

表 6 天津市高校 2017 年综合效率分析

学校	TE	PTE	SE	RTS
南开大学	1	1	1	—
天津财经大学	1	1	1	—
天津城建大学	1	1	1	—
天津大学	0.950445	1	0.950445	Drs
天津工业大学	1	1	1	—
天津科技大学	1	1	1	—
天津理工大学	1	1	1	—
天津美术学院	1	1	1	—
天津农学院	1	1	1	—
天津商业大学	1	1	1	—
天津师范大学	0.905009	1	0.905009	Drs
天津体育学院	1	1	1	—
天津外国语大学	0.869232	0.898564	0.967357	Irs

续表

学校	TE	PTE	SE	RTS
天津医科大学	1	1	1	—
天津音乐学院	1	1	1	—
天津职业技术师范大学	1	1	1	—
天津中医药大学	1	1	1	—
中国民航大学	0.682714	0.691811	0.98685	Drs
平均值	0.967078	0.977243	0.989426	

TE:综合效率,PTE:纯技术效率,SE:规模效率,TE=PTE×SE;RETURN:规模收益;irs,—,drs:规模收益递增、不变、递减。

从运算结果来看,2017 年天津市 18 所高校平均综合效率 TE 为 0.967078,纯技术效率 PTE 为 0.977243,而规模效率 SE 为 0.989426。这意味着如果保持现有技术和投入水平,天津市高校综合效率提升的空间已经很小,仅为 3.2922%;而其中的无效率主要归因于纯技术无效和规模无效,对技术无效而言,即减少 2.2757%投入可实现纯技术效率最优,减少 1.0574%的投入可实现规模效率最优化。

就综合效率来看,天津市 18 所高校中有 14 所高校处于 DEA 有效,包括南开大学、天津财经大学、天津城建大学、天津工业大学、天津科技大学、天津理工大学、天津美术学院、天津农学院、天津商业大学、天津体育学院、天津医科大学、天津音乐学院、天津职业技术师范大学、天津中医药大学,它们的综合效率值 TE 均为 1,其整体运作处于最佳状况。综合效率小于 1 的高校主要有天津大学、天津师范大学、天津外国语大学和中国民航大学,其中以中国民航大学为 18 所高校最低,仅为 0.682714,提升改进的余地还很大,需要加大投入,进行整体提高。

就纯技术效率来看,仅天津外国语大学和中国民航大学两所高校投入还未达到最大产出,其余 16 所高校纯技术效率均为 1,说明这些高校的资源利用效率已达到饱和,没有发生资源浪费的现象。

就规模效率来看,当规模效率为 1,则表示该所高校的规模达到了最适宜状态;反之,则表示该高校处于规模无效状态。在本文研究的 18 所高校中,以南开大学为代表的 14 所高校的规模效率为 1,表明这些高校已经达到了适度规模。纯技术效率为1，而规模效率小于1的高校有2所，为天津大学和天津师范大学，这说明其产出和投入无法呈正比例增加。以天津大学为例，它的纯技术效率为1，而规模效率只有0.950445，由于综合效率(TE)=纯技术效率(PTE)×规模效率(SE)，因此，综合效率相对无效是由规模无效引起的。

就规模报酬来看，规模报酬递增的高校仅为1所，递减的为3所，不变的为14所，这说明单纯从规模角度而言，扩大高校发展规模，并不是有效提升和改善天津市高校发展的有效路径。面对我国社会主要矛盾转化的大背景，各地应该把支持地方高校发展摆到增强当前和未来区域发展动力的高度上，以解难题、破瓶颈、提水平为切入点，真正为地方高校发展谋出路，亮实招，加快推进"放管服"，天津市要将"放管服"落实落地，让"管""服"两轮子都转起来，真正帮助高校发挥办学效益；进一步加大天津市高校的经费支持力度，探索建立以绩效评价为基础的学科专业建设长期支持机制；加速推动天津高校产教融合发展，以产教融合为导向，引导地方高校更主动地对接产业需求，地方高校也要迈开步子，进一步研究如何主动支撑产业布局和区域经济转型升级，提高对区域发展的支撑和服务能力。

事实上，就天津市的18所高校来看，行业特色或者说是专业特点实际上是非常明显的。天津外国语大学定位为"'具有自主学习能力和跨文化交际能力'的复合型国际化人才培养目标，致力于建设特色鲜明的高水平外国语大学"，主要培养外语类专业人才；而天津美术学院定位为"建设特色鲜明、品质卓越、国际知名的中国一流美术学院"，培养的则是美术专业人才。正是因为这些高校具有自己鲜明的专业特色，要在新时代有新作为、新亮点，所以就必须对接行业发展需求，在与行业发展同向同行中彰显自己的人才培养特色，紧紧围绕国家战略需求，培养出行业亟需的创新型人才，真正做到"行业留得住，生产用得上，创新离不开"；要紧紧围绕行业发展新态势，打造人才培养特色品牌。行业特色高校的主要影响力在于服务，在于与企业同发展，共命运，又好又快地为行业发展提供坚实的技术支持和人才保障。

3. Malmquist 指数分析

表 7　天津市高校 2013—2017 年 Malmquist 指数量表

学校	EC				TC				MI			
	2013—2014	2014—2015	2015—2016	2016—2017	2013—2014	2014—2015	2015—2016	2016—2017	2013—2014	2014—2015	2015—2016	2016—2017
南开大学	1	1	1	1	0.862369	1.218897	0.958506	1.144228	0.862369	1.218897	0.958506	1.144228
天津财经大学	1	1	1	1	1.014222	0.98044	1.00056	1.006239	1.014222	0.98044	1.00056	1.006239
天津城建大学	1.029701	1.000832	1	1	1.003139	0.99836	1.020042	0.967852	1.032933	0.999191	1.020042	0.967852
天津大学	1	1	1	0.950445	0.747742	1.196444	1.504276	0.944641	0.747742	1.196444	1.504276	0.89783
天津工业大学	1.018979	0.959884	1.043384	1.000174	1.013633	0.97014	0.587209	1.472618	1.032871	0.931222	0.612684	1.472875
天津科技大学	0.982983	1.02742	0.971498	1.13259	1.060715	0.844141	1.019877	0.885089	1.042666	0.867287	0.990809	1.002443
天津理工大学	1	1	1	1	0.934463	1.073041	0.95792	0.984768	0.934463	1.073041	0.95792	0.984768
天津美术学院	1	1	1	1	1.116935	1.009189	0.999198	1.012299	1.116935	1.009189	0.999198	1.012299
天津农学院	1.034725	1	1	1	1.014853	1.017997	0.989028	0.998065	1.050094	1.017997	0.989028	0.998065
天津商业大学	1.019659	1	1	1	0.956597	0.913681	0.907294	1.163891	0.975403	0.913681	0.907294	1.163891
天津师范大学	1	0.971371	0.938777	0.992442	0.754745	1.614339	1.100648	0.920113	0.754745	1.568122	1.033263	0.913159
天津体育学院	0.979729	1.020691	1	1	0.989717	1.039329	0.994512	1.046909	0.969655	1.060833	0.994512	1.046909
天津外国语大学	1	0.954748	1.025405	0.988104	0.982481	1.041298	0.993243	0.983693	0.982481	0.994177	1.018476	0.971991
天津医科大学	1	1	1	1	1.374028	0.644471	0.977616	0.961528	1.374028	0.644471	0.977616	0.961528
天津音乐学院	1.133164	1	1	1	0.912538	1.114069	1.003525	0.973001	1.034056	1.114069	1.003525	0.973001
天津职业技术师范大学	0.978421	1.021904	1.003278	1	1.006306	0.977309	0.975848	1.019786	0.984592	0.998716	0.979047	1.019786
天津中医药大学	1	1	1	1	1.167426	1.007448	0.969725	1.002421	1.167426	1.007448	0.969725	1.002421
中国民航大学	1.014864	0.992343	1.001646	0.99314	0.999758	1.013551	1.006668	1.020275	1.014618	1.00579	1.008324	1.013276
平均值	1.010679	0.9971774	0.9991104	1.0031608	0.9950926	1.0374524	0.9980942	1.0281898	1.0050722	1.0333897	0.9958225	1.0306978

注：MI 为 Malmquist 指数，EC 技术效率变化，TC 技术变化，MI＝EC * TC

如表 7 所示，2013—2017 年天津市高校投入全要素生产率指数年均增长率为 1.624555%，18 所大学中仅中国民航大学年度间 MI 指数均大于 1；技术效率变化 EC 指数为 1.0025319，年增长率为 0.25319%；纯技术变化 TC 指数的年均值为 1.01470725，年增长率为 1.470725%，这意味着技术有小幅上升的趋势。

我国的高等教育从早期的精英教育到如今的大众化教育，高等教育一路走来，为国家人才的培养发挥了显著功效。培养什么人，是教育的首要问题。“加快一流大学和一流学科建设，实现高等教育内涵式发展”，这既是党和国家对我国高等教育提出的明确要求，也是全国人民对中国高校寄予的殷切期望。对此，天津作为四大直辖市之一，更应抓住历史机遇，新时代、新任务、新战略，我们要不断深入推进教育体制改革，健全立德树人的落实机制，按照习近平总书记提出的要求，扭转不科学的教育评价导向，坚决克服思维的顽瘴痼疾，从根本上解决教育评价的指挥棒问题。

第三节　天津市政府高校治理影响因素分析

一、主导因素

影响政府教育职能转变的主导因素是现代国家治理目标。传统的教育行政管理体制中，政府担当了公共教育领域的唯一治理主体，扮演着办学者、管理者、评价者等众多角色。在社会主义市场经济的大环境下，我国正积极推动国家治理体系现代化，政府教育职能的转变作为教育管理改革的重要组成部分，成为当前亟待解决的重要问题。

政府教育职能的转变在很大程度上依赖于国家的宏观规划。进入 21 世纪之后，政府积极落实了一系列教育改革措施，大大增加了教育经费的投入，使我国的教育事业蒸蒸日上。教育改革措施主要从以下几个方面进行：(1)重视农村义务教育的发展。落实“西部地区两基攻坚计划”“农村中小学现代远程教育工程”“国家贫困地区义务教育工程”“农村中小学危房改造工程”等；加大对农村义务教育的经费投入；出台了一系列优惠政策，免除了农村地区义务教育的学杂费，向贫困学生免费发放教科书并提供一定数量的生活费。这些措施有效促进了农村教育的基础设施建设,有利于农村地区办学条件的改善,使西部地区的教育事业获得了长足的发展。自此,我国农村义务教育的发展终于有了国家财政的大力支持,政府在农村义务教育事业中发挥着主导全局的作用。(2)大力推动我国职业教育的发展。“十一五”规划时期,我国将为职业教育的发展投入100亿建设资金。(3)我国将继续加大对高等教育的财政投入力度。除了保持对“985”“211”工程的大力支持外,政府还将出资25亿以加快落实“高等学校本科教学质量与教学改革工程”的实施。(4)为贫困学生建立健全资助政策体系,为其接受良好的教育提供资金保障。

在我国教育事业的发展过程中,政府发挥着平衡地区教育事业发展的重要作用,大大改善了我国中西部教育发展较为落后的局面,尤其对农村教育事业的发展起到了巨大的推动作用。在政府的积极引导和支持下,“国家贫困地区义务教育工程”“国家西部地区‘两基’攻坚计划”“农村中小学危房改造工程”“农村中小学现代远程教育工程”均取得了较为理想的成就。其中,针对农村教育发展所推行的经费保障新机制成功为农村义务教育提供了的充足财政支持,对我国农村教育事业的发展有着里程碑的意义,中西部贫困地区终于实现了长久以来的教育梦。科教兴国战略、人才兴国战略是我国新时期发展的重要方针,两个方针的实施在很大程度上都依赖于我国教育事业的发展,只有为教育提供坚实的物质和政策保障,才能为两大战略的实施输送源源不断的高素质人才。

2010年6月,中共中央政治局审议并通过《国家中长期教育改革和发展规划纲要(2010—2020年)》,这是中国进入21世纪之后的第一个教育规划。规划与纲要的第八专题:教育改革与制度创新研究中明确提出转变政府职能,提高教育管理水平;因地制宜分类指导。根据纲要精神,中央政府教育权力逐渐下放,尤其是基础教育权力。县级人民政府对校园建设、工资福利发放、师资队伍的组建等等进行科学的统筹与规划,成为基础教育管理的主要负责人。由于全国各地区不同的经济发展状况的差异较大,这样的地方放权政策很好地解决了中央政府对教育权力完全把控而难以满足不同地区教育需求的困难。各级政府对教育统筹的权力越来越强大。

在实现我国社会主义现代化当中,其一个重要构成就是国家治理现代化,社会主义现代化的实现也离不开国家治理现代化的支撑,是作为其得以实现的重要前提。在十八届三中全会中提出，要对中国特色社会主义制度进行改进完善，促进国家治理体系及治理能力现代化的早日实现，上述即为开展全面深化改革的终极目标，这一目标当中，不仅涵盖了对制度的科学安排，同时也将执行制度的规范要求予以强调。在习近平总书记所指出的协调推进“四个全面”战略中，自上而下地对实现国家治理现代化的途径予以部署，我国由此进入国家治理现代化的快速发展时期。教育是一个国家强盛的重要基础，是国之根本，因此在实现国家治理现代化中，现代化治理体系及治理能力建设也是其重要构成。国家治理现代化的实现离不开教育治理的现代化。为了国家治理体系及治理能力现代化的早日实现，政府应高度重视教育工作的开展，对中国特色社会主义教育制度进行完善及改进。我国落实科教兴国战略，居于首位的自然是教育，促进学习型社会的建立，促进国家治理体系及治理能力现代化的早日实现。政府将这一职能充分发挥出来，构建教育体系，为教育条件提供保障，为人民提供优质的教育服务，维护教育的公平公正。

党的十八大以来，以习近平同志为核心的党中央着眼于推进国家治理体系和治理能力现代化，相继出台了简政放权、放管结合、优化服务等一系列加快转变政府职能的重大改革措施。

2017 年，教育部等五部门印发《关于深化高等教育领域简政放权放管结合优化服务改革的若干意见》（教政法〔2017〕7 号）就高校学科专业、编制岗位、进人用人、职称评审、薪酬分配、经费使用等方面，进一步向高校放权，让学校拥有更大办学自主权。2015 年，国务院正式印发《统筹推进世界一流大学和一流学科建设总体方案》（国发〔2015〕64 号），对“双一流”建设高校管理提出要求——健全工作协同机制，完善上下贯通、执行有力的组织体系，提高资源配置效益和管理服务效能，高校内部贯彻“放管服”改革精神，既需要与国家相关规定接轨，规范管理，确保对上级部门下放的权力“接得住”，也需要提升管理效率效果，通过创新方法、优化流程等方式把学校层面业务权力“放下去”。2018 年，教育部、国家发展改革委员会、财政部共同印发《关于高等学校加快“双一流”建设的指导意见》（教研〔2018〕5 号）明确：“突出服务效能，创新以人为本、责权明确的管理体系。”2019 年中共中央、中国国务院印发《中国教育现代化 2035》，聚焦教育发展的突出问题和薄弱环节，立足当前、着眼长远，重点部署了面向教育现代化的十大战略任务，其中重要的战略任务之一就是

“推进教育治理体系和治理能力现代化，推动社会参与教育治理常态化，建立健全社会参与学校管理和教育评价监管机制。”2022 年，教育部、财政部、国家发展改革委印发《关于深入推进世界一流大学和一流学科建设的若干意见》（教研〔2022〕1 号）要求“双一流”高校“健全工作协同机制，完善上下贯通、执行有力的组织体系，提高资源配置效益和管理服务效能。完善学校内部治理结构，深化人事制度、人才评价改革，充分激发建设高校内生动力和办学活力，加快推进治理体系和治理能力现代化”。建设世界一流大学和一流学科需要配套一流的管理服务，高质量、高效率的管理服务为学校人才培养和科学研究提供良好的环境和条件保障。因此，高校全面提升管理效能，与高校“双一流”战略目标相匹配，为“双一流”建设提供保障。

党的十九届四中全会从党和国家事业发展的全局和长远出发，深刻回答了“坚持和巩固什么、完善和发展什么”这个重大政治问题，明确了坚持和完善中国特色社会主义制度、推进国家治理体系和治理能力现代化的总体目标。高校治理体系和治理能力现代化是国家治理体系和治理能力现代化的重要组成部分，是新时代中国大学推进内涵式发展、提升综合竞争力的内在需求。《国家中长期教育改革和发展规划纲要（2010—2020 年）》明确指出，要建设中国特色现代大学制度，从而开启了现代大学制度建设的新征程。坚持问题导向、目标导向，改革不适应现代大学需要的体制机制、规章制度，构建适应新时代要求的教育治理体系，不断提高教育治理体系和治理能力现代化水平，推动构建政府与大学、大学与学院、行政权力与学术权力之间的良性互动机制，着力提高学校自主管理能力，完善学校治理结构，推进教育治理体系和治理能力现代化。党的十九届四中全会强调，坚持党的集中统一领导，坚持党的科学理论，保持政治稳定，确保国家始终沿着社会主义方向前进的显著优势。必须紧紧围绕“立德树人”这一根本任务，尊重教育规律和人才成长规律，坚决破除一切不合时宜的思想观念和体制机制弊端，突破利益固化的藩篱，深入推进大学内部治理结构、管理体制和运行机制改革与完善，加快建立具有中国特色的现代大学制度，不断推进治理体系和治理能力现代化。党的十九届四中全会提出了坚持和完善中国特色社会主义制度、推进国家治理体系和治理能力现代化的总体目标和重点任务，开启了“中国之治”的新篇章，教育领域治理体系和治理能力现代化建设随之展开，并加速了高校管理效能提升的进程。

二、推动因素

1. 市场经济的发展与完善

政府职能转变是为了不断适应社会发展的新要求，并对自身行为模式以及内部体系进行不断调整与优化转换。早期市场经济社会中政治领域全面掌控经济领域和社会领域，导致政府的权力掌控社会生活的各个方面，形成了“全能型政府”模式。随着社会生产力的发展，市场经济的确立与壮大，“全能型政府”已不能适应社会发展的要求。政府职能适度减少对市场与社会领域的干预有利于社会运行成本的减少，使社会运转更加顺畅，促进社会的有序发展，因此政府职能转变成为必然趋势。我国新时期政府职能转变的主要目标就是把握好政府与市场、政府与社会的关系，充分发掘市场经济的建设作用和社会自我管理的能力，使政府科学有效地履行其职能，最终形成政府与市场、社会三者之间的良性互动循环。

经济制度是一个国家经济领域最为基本的社会经济关系的总和。市场经济的发展与完善有力地推动了政府职能的转变。党的十八大报告中明确指出要把经济体制改革当作我国全面深化改革的重点，并通过政府与市场的优势互补来激发市场的活力。在市场机制下，我国的教育服务供给改变了传统的政府垄断供给方式，通过政府与市场的合作来寻找供给方式的最佳结合点，满足社会公众多元化和个性化的教育服务需求。事实上，教育领域存在市场并可引入市场机制。因为在教育领域，客观上是存在教育市场的，这主要表现在教育本身具有生产性，教育领域同样存在教育产品供求关系，教育服务产品具有市场交换的价值与价格。所以，随着生产资料所有制和我国经济体制变革的不断深化，我国的教育经济制度也会随之发生了变化，多元的教育经济主体改变了政府作为单一经济主体的格局，从一定程度上为教育投资主体的多元化提供了相应的制度保障，同时也为转变教育资源配置方式以及政府和市场共同供给教育服务提供了制度可能。伴随经济体制、财税体制、教育体制的改革，作为教育财政制度组成部分的教育经费投入制度不断改革，教育经费的投入逐渐多渠道和多元化，从最初的政府单一投入制度逐渐转变为以政府投入为主、多渠道投入的教育经费投入制度。从目前我国教育经费投入的比例来看，教育经费多元化依旧保持以政府或财政投入为主，其主要原因是教育服务是社会的共同需求,市场经济中政府和财政的基本职能就是提供公共服务,政府有义务有责任提供教育服务。政府达到社会公平的目标离不开教育公平的实现。伴随着国民收入格局的不断变化,企业和居民所占份额上升,城乡居民收入不断增加,使企业和居民可以自食其力地为教育服务买单。所以政府发挥其职能利用民间资金所带来的巨大力量促进民办教育的发展,将民间资金引入教育领域。1986 年,《民办学校管理条例》的颁布,2002 年,全国人大通过的《民办教育促进法》都充分表明了政府鼓励民办学校发展的态度。2016 年,全国人大通过了《民办教育促进法》的修订。按照该法规定,"民办学校是指国家机构以外的社会组织或者个人,利用非国家财政性经费,面向社会依法举办的学校或其他教育机构"。数据显示,2012 至 2016 年期间,民办学校中举办者的投入总体呈上升趋势。

2.社会组织的萌芽与壮大

政府作为改革的主导者,也承担着优化"政府——学校——社会"三者关系的责任,国家的政策和方针决定了教育改革的模式、切入点以及推进的速度。因此,从根本上讲,社会力量究竟能够在何种程度上参与教育,取决于国家管控的尺度。党的十一届三中全会以来,社会主义法制的逐步健全保障了社会组织的成长发育。改革开放的深入,社会主义市场经济体制渐趋成熟,社会转型全面展开,促进了社会自主性的发展,为社会组织的成长提供了更为坚实的社会基础和更为积极的内在动力。一些公共管理职能可以通过社会的自治机制来实现,大量社会组织得以萌芽和发展。2010 年至今,社会组织的数量呈稳定的上升趋势。

20 世纪 90 年代,公益社会组织作为一股新生力量出现在教育领域,并从各个维度广泛参与教育改革行动。其中 1989 年成立的中国青少年发展基金会是最具代表性的公益社会。著名的希望工程便是中国青少年发展基金会发起的,其最初的目的是救助农村地区的失学儿童。2005 年,"希望工程"又在北京创立了百年职校,为贫困家庭子女提供正规职业教育。百年职校为学生提供良好的学习环境,使他们能够学到今后发展所需的人生技能和当前就业所需的职业技能,培育出一批又一批得到企业欢迎的一线技术工人。无论是国内企业还是海内外团体甚至是普通的百姓群众,都积极支持和热情参与到希望工程的活动中去。希望工程取得的实施成果和综合效益令人赞叹,党和政府以及全社会对希望工程取得的成绩给予了高度评价。学术界已有专门研究,“希望工程”成长历程为社会组织参与教育改革树立了优秀的典范。它为国家教育发展所带来的贡献和影响力,可以说是当之无愧的“中国公益的第一品牌”。之后成立的各类社会组织纷纷效仿,采取各种方式来挖掘社会资源、努力为社会底层群体提供优质的基础教育服务,为农村学校输送大量的师资人才及教学设施,在国家教育改革与发展的路上贡献出一份力量。

2000年后,各个地区的各类社会组织在“希望工程”提供的典范行动模式影响下如雨后春笋般出现,为政府的教育事业的发展分忧。例如,在一些城市建立了为异地的农民工子女及农村失学初中毕业生创办的职业学校。这项举措为进城务工者解决了后顾之忧,更培养了一批优秀的“蓝领人才”。2002年,21世纪教育研究院成立,并积极开展独立教育研究与政策倡导,开创第三方评价政府教育绩效,举办多次国内外高峰论坛、学术研讨会、讲座等,开展公众讨论,进行教育传播和推广,探讨中国教育的改革和发展。在2006年,长江教育研究院成立,持续开展了教育政策研究活动,为教育发展和教育人才培养作出了积极的贡献。21世纪教育不断涌现的民间教育智库为社会组织参与教育的水平提升到了新的层次。如今,在互联网技术的不断发展和普及的基础上出现了互联网支教等新兴方式。各级政府积极引导社会力量加大教育投入,并支持社会力量兴办教育,逐步提高教育经费总投入中社会投入所占比重。政府支持各级教育基金会发挥其作用,吸引社会捐赠,完善社会捐赠收入财政配比政策。据教育部网站最新数据统计,教育类社会组织的数量已高达217个,其中包括各类社会团体和基金会。社会组织已经成为一股坚实的力量参与到国家教育决策中,社会组织在教育改革和发展中的地位不断上升并推动着政府教育职能的转变。

3.信息技术的发展与普及

全球互联网技术的不断发展下,新一代信息技术也扑面袭来,人类由此进入一个全新的网络时代。信息化指的是对信息技术的推广投入使用、对信息资源的挖掘和开发等过程,此外,信息化也是社会生产的催化剂,是促进工作效率、增强管理能力、提升管理水平、推动经济发展的一个过程。政府属于国家行政机构范畴,其需要履行公众事务管理及服务职能。信息化的到来方便了政府工作人员工作的开展,提高了其办公手段并使应用工具的现代化,有效减少了成本支出,节约了实际人力整体时间和精力，政府工作人员的工作量得到削减，提高了工作效率。虚拟机关、网上办公等便捷方式的出现，使得政府工作空间界限不再约束政府部门的工作，强化了政府间及政府和工作间的交流，增强两者的互动，以前不可能实现的事情变为现实，提高了政府管理及服务的精准度和效率。信息化的发展在很大程度上促进了政府效率的提高，增强了其决策的正确性和科学性。比如政府部门借助网络及学校相关负责人来开展视频会议，当学校领导熟悉了视频会议，便会更加注重学校管理信息化的构建，给老师提供信息化的环境，为其创造良好条件。通过对信息化的构建及发展，政务公开工作得以有效开展，在促进政府勤政廉政建设上也发挥了重要作用。政府借助对外宣传主页发布及管理系统来增强公众对政府的了解，明确政府机构的办事流程。发展规划与教育改革相关政策、教育经费投入使用管理相关政策文件，干部选拔任用结果等百姓关注的热点问题，都能通过现代化的政府信息网络服务进行传达。这样的举措给政府管理的公开性提供了保障，切实保障了公众利益。信息化为政府部门管理水平的提高和服务功能的强化提供了技术支持，政府部门可以更加尽职尽责地履行国家经济生活的参与者和管理者的责任和义务，同时对政府职能转变的进程起到了推动作用。

三、阻碍因素

1.法律体系不健全

法律作为维护社会秩序的重要途径，并且以强制手段发挥作用。由于我国异体问责的立法滞后、民主法治建设不足以及民主法治文化观念落后，我国政府履行教育职能的法律体系不完善严重阻碍了政府教育职能转变的进程。目前，在我国的国家法律体系中，教育法律并不具有独立法律部门的地位。《中国特色社会主义法律体系白皮书》于2011年正式出台，该文件表示，社会法、行政法、民法商法、刑法等都包含在中国特色社会主义法律体系部门当中；教育相关的法律法规也包含在行政法当中，比如《义务教育法》《职业教育法》《教师资格条例》等。专门的教育法律中，只有《义务教育法》中提及："任何社会组织或者个人有权对违反本法的行为向有关国家机关提出检举或者控告。"我国目前对于地方政府的教育问责主要是同体问责，问责的主体仅限于政府和教育行政部门。同体问责可以理解为一个行政系统在内部进行问责，问责结果会受到有关上级领导的态度的影响，问责的过程不能秉承着公开、公平、公正的原则，问责的随意性很大，会出现官员滥用职权，降低了问责的有效性。在具体的操作过程中，如何有效和及时保障公众、家长的教育知情权、监督权、问责权还是我国法律法规亟须考虑的问题。目前，西方发达国家已经普遍实施了议会问责、司法问责、选民问责等多种形式的外部问责。异体问责是真正体现现代教育问责精神的有效形式，是否具备有效的外部监督是判断问责制是否成熟的重要特征。异体问责需要外部监督，能够了解广大群众对教育问题最根本的诉求，使教育教学行为更加科学规范，使政府教育职能转变的进程更加科学有效。

2.政府服务意识淡薄

从思想观念上看，政府的服务观念淡薄，信念不够坚定，影响了政府职能转变的推进。政府既是办学主体又是教育管理者，学校的事务直接或间接体现政府意志。政府过多干预造成学校发展形势同一化，相互之间缺少竞争，导致学校的发展的动力不足。我国从不曾忽视整顿政府部门的作风问题，但是迄今为止还是存在许多无法避免的消极行为，如工作缺乏主动性、敷衍塞责、遇事推诿等。在面对群众诉求的时候往往选择逃避的态度，将群众的利益置于脑后，为民服务不热情，态度冷淡。就目前我国的发展情况来看，政府机构中还存在着一种“不作为”的现象。

此外政府网站是政府与群众之间沟通的重要纽带。在信息化时代，宣传党的思想工作、政策方针，倾听民声、收集民情民意都离不开政府网站。很多地方政府都建立了网站或政府信箱，加强了电子政务建设，这些做法的出发点是值得表扬的。但是政府网站后续的维护情况以及整体运行情况还有很多值得提升改进的地方。很多政府网站存在空白栏目、内容乏味、链接不能正常访问、检索栏无法搜集到最新有效的信息等问题。政府网站是面向社会提供服务的官方网站，要保持绝对的权威性和公信力。网站在运营过程中可能存在有人才、技术、资金匮乏等原因，但是这种不合格网站的存在，最主要的原因还是相关部门缺乏服务意识和担当意识。有的地方政府，只重视经济发展，把办教育类网站、公众号这些信息化时代政府必做功课当成了应付上级的任务，辛苦开发的网站形同虚设，既浪费了财力物力人力，又不能达到为民服务的目的，最终损害了政府公信力，是一种政府严重的不作为现象。

3.问责制度不规范

在我国,教育问责的内容层次偏低,主要针对教育经费、学校基础设施建设、教育收费、招生考试或者是把升学率和考试分数作为判断教育质量的重要依据,并将其作为考核政府是否履行好教育职能的唯一重要指标。而教育质量、学业成就和教育投入与产出的效益问题在教育问责过程中没有进行深究。而参考美、英、法、荷兰等国经验,其教育问责制度目的主要在于提高教育质量、促进教育公平等等,而不仅仅是浅层次的严重违法犯罪问责。因为教育问责既是一种惩戒机制更是一种改进机制。促进教育事业的发展是教育问责制度存在的根本目的,而不是对问责对象进行惩罚。而目前我国的教育问责只关注问责的结果,忽视问责的过程,注重惩罚而不注重改进。我国现有的教育问责制度没有充分利用问责发现教育过程中的缺点并有针对性地进行改进完善,最终影响了教育问责制度的功能,削弱了教育问责的意义,教育问责的最终目标没有得以实现。问责制度注重违法后的责任追究和问责最终的惩罚结果,而没有对过程实现程序化,没有形成完善的"事前监督""事中监督""事后监督"为一体的问责机制。整个问责流程无法满足公众的知情权,公众没有方便的渠道去对政府教育问责结果进行质疑。所以,政府只有逐步建立起规范的教育问责制度才能帮助政府教育职能实现合理的转变。

4.政绩考核制度不健全

政绩考核制度的建立是为对政府工作人员的工作成果进行评估和考核,其结果往往对官员的奖惩、培训、职务任用和升迁等有重要影响。就教育而言,考核是对地方政府履行"教育责任"情况也就是教育政绩的衡量和评估。改革开放以来,随着对经济发展的强调,在地方政府的政绩考核中,地区经济增长速度被看得尤为重要。各级政府的首要目标就是加快经济建设,GDP作为衡量某一个地区经济发展水平的重要指标,自然也就成为考核政绩的重点对象。社会事业的发展却时常处于不被重视的状态。教育就属于社会事业,教育成果不可能像GDP数字一样显而易见,容易衡量比较。并且教育的投入不能及时收到成效。所以很多地方政府官员并没有意识到教育潜在的巨大力量,对待"教育责任"的态度的懈怠,造成社会事业的发展落后于经济建设。在为我国经济社会发展逐步将科学发展观作为指导思想后,地方政府政绩考核不再以国内生产总值增长率来论英雄,经济增长和社会事业的发展都成为地方政府关注的重点对象，教育在考核中的地位有所提升。例如，一些地方政府的考核纳入了教育资源均衡化的指标，从政策引导上促进教育均衡。但考核的内容仅仅包括教育发展的某一方面，未能形成较全面的评价体系。还有一些地方政府没有根据承担的“教育责任”去建构明确的教育政绩考核的指标，考核结果也并没有作为决定官员奖惩升降去留的基本依据。所以如何科学有效地转变的政府教育职能并没有成为政府工作的重点。

总之，在制度上，我国政府履行教育职能的法律体系还有待完善，教育问责制度和政绩考核制度还应更加科学全面。在思想上，政府的服务意识还有待提升和加强。只有这些问题得到解决，我国政府教育职能的转变之路才能走得又快又好。

第四节　天津市政府教育治理策略

一、明晰政府定位

1. 突出政府导向

不同社会发展阶段，政府教育部门以当时的社会需求，明确了不同的教育指导思想，提出了教育要满足社会经济发展需要、公众自身发展需要、教育质量提高需要，要适应公众差异性对教育渠道、手段、方法的多元化需要，同时积极推进教育改革工作，满足公众需求。美国政府教育面对欧洲、日本等国家的奋起直追，面临着科学技术、工商业等教学质量逐年下降、失去领先地位的局面，这一局面向各学校、市场主体、社会组织，尤其是教师、学生，提出了更高要求。各学校、市场主体、社会组织要从国家大局出发，强化自律意识，各教师、学生要在学校进行更多学业相关活动，教师要进一步提高教学水准，学生要取得更为优异成绩以达到相关毕业准则。当下我国从各办学主体、学生家长、学生自身都非常重视小学、中学、高中教育，应试教育倾向较为明显，但是进入大学阶段，学生与学校关系较为紧张，综合素质普遍下降，自学能力较差，竞争能力不足。我国政府应突出教育导向作用，鼓励各办学主体独立运营，提高办学水平，以职称、绩效等方式提高师资水平，推进学校间评选等活动，进而提高学校教学质量、管理水平。

2.尊重多元主体

各市场主体、社会组织需要提高自身能力建设水平，积极主动承接政府转移职能。各市场主体、社会组织必须高度重视市场运行机制，提高人才队伍建设能力，加大力度引进、培养高级人才，规范内部管理体制，提高资源整合能力，强化专业化能力，提高地方政府对各市场主体、社会组织服务专业化的需求依赖，平衡各市场主体、社会组织对政府资源的依赖，最终形成平等、互惠、共赢的合作关系。未来各市场主体、社会组织需要在社会服务、科学研究、人才培养等方面下功夫。完善社会服务指标体系，提高毕业生就业率、用人单位满意度。开拓科学研究领域，不仅聚焦国际前沿，又立足于社会发展，提高成果转化率。高度重视人才培养，兼顾培养数量与质量，满足产业发展需求。

地方政府也应理清和各市场主体、社会组织关系，推进各市场主体、社会组织去行政化，强化其独自办学能力。地方政府可以通过引导成立跨省市、跨地域，职能丰富的市场主体和社会组织，承接政府更多职能，引导其规模逐渐发展壮大。比如说，国家之前取消了重点学科评审，各市场主体、社会组织可以对学科评价，建立以政府为主导，学科团体、组织等社会主体广泛参与的学科评审模式，取消了“211”“985”，取而代之的是“双一流”建设，除天津大学和南开大学两所“世界一流大学”建设高校外，天津市还有天津医科大学、天津工业大学和及天津中医药大学三所高校入选“双一流”建设名单，2017 年天津市政府又印发了《天津市推进一流大学和一流学科建设实施方案》，可以说天津市高校发展迎来了自己的春天。此外，政府也要面向全社会主动公开评审标准、人员、打分结果，实现对学科、人才的科学评价。

各高校也要规范治理体制，理顺内部关系，构建治理结构。提升治理能力，建立办学保障体系，完善高校章程，凝练大学文化与精神。科学规划学科，引进培养人才，精细化评价管理。校务信息公开透明，发挥各类专业委员会功能作用，建立教职工代表大会制度，科学民主地决策、管理。高校自身充分利用资源独立自主办学，协调好各项运作机制，接受外部监督。

教育改革的关键是教育职能的转移、承接，这需要发挥各市场主体、社会组织、高校等承接转移职能主体的作用。促进各市场主体、社会组织多方参与，建立彼此间伙伴关系，探索形成我国稳健的治理体系、多元互动的治理机制。

3. 满足社会需求

依据世界教育和产业革命互动规律，我国政府教育导向职能需要对接社会需求，从学科导向变为社会需求导向，强化社会产业发展对高级人才需求的摸底调查。政府在发挥教育导向作用时，从社会需求出发，做好学科专业增量优化、存量调整工作，加大力度发展生物医药、人工智能、基因工程、大数据、新材料等新技术新产业相关的新兴专业，遵循教育和市场规律，积极建设新兴专业。近年来，天津教育工作立足人才培养和文化传承，积极融入全球化发展趋势，搭建国际教育合作、交流和实践平台，2018 年经教育部同意设立了天津音乐学院茱莉亚研究院。茱莉亚学院，英文 The Juilliard School，享有“音乐界哈佛”的称号，它始建于 1905 年，是世界上最顶尖的专业音乐院校之一。

事实上，高校教学需要融入社会产业发展前沿，及时更新课程教材，科学设置教程体系，提高学业挑战度。坚持以学生为中心，扩大学生选择范围，推广在线教学，推进产业与教学深度融合，助力学生创新创业，建设创业孵化基地。同时鼓励教师将科研成果变为课程内容，促进产学研结合，进一步用活用好 2016 年天津市人力资源和社会保障局《关于鼓励科研人员双向流动的实施办法》，创新教学方式手段，使学生主动聚焦国家重大战略需求、聚焦世界科技发展前沿，提高学生学习兴趣度，推动科技成果转化应用，完善人才培养模式，培养学生家国情怀。通过以上方式，不仅充分发挥了政府教育导向作用，还能促进学生全面发展，解决高校毕业生学和用差距，满足社会产业发展需求。

4. 增强监督职责

政府教育职能需要在管理过程中做到不缺位、不越位，避免监督服务过松导致职能得不到发挥、工作不作为，监督服务过严导致职能过度发挥、工作尺寸失当。我国政府教育职能需要在两者之间找到平衡点，既要将监督、服务工作做到位，主动服务好各教育主体，又要把控好尺度，发挥导向作用。只有把控好政府监督职能和服务职能力度，才能保持教育活力。党的十九大召开以来，我国政府高度重视教育工作，教育管理必须坚持以习近平新时代中国特色社会主义思想为指引，建设新型教育体系，强化政府在教育立法、改革、投资、监管、服务等方面的职能作用。优先发展教育,加快教育强国建设,推进教育立法,深化教育改革,加大教育投资力度,强化教育监管、服务意识,实现立德树人根本任务。只有政府发挥好宏观导向职能,提供好各项服务工作,才能彰显出政府教育职能的价值作用,实现好教育内涵式发展。

二、完善问责机制

欧美教育领域问责机制主要涵盖两部分,一是政府履行教育职责时确立了工作责任,明确了相关责任标准;二是教育官员未及时履行工作任务,违反工作规定,需要对其问责,承担相应责任后果。只有实行问责制度,才能制止履职违法行为,维护社会公平正义,确保社会公共利益,政府教育职能才能进一步转变。实行问责制度,不仅可以督促政府及时履行教育职能,还可以惩治不履行人员,起到震慑作用,最终保障公民利益,维护社会秩序。构建系统有效的问责制度,结合法律、政治、行政问责,扩大问责范围,追究问责对象,加强社会公民、大众媒体在政府履责中的监督作用,实现为人民服务本质,保障政府教育职能转变。

1.明确问责目的

教育问责既是一种惩戒机制更是一种改进机制。促进教育事业的发展是教育问责制度存在的根本目的,而不是对问责对象进行惩罚。而目前我国的教育问责只关注问责的结果,忽视问责的过程,注重惩罚而不注重改进。我国现有的教育问责制度没有充分利用问责发现教育过程中的缺点并有针对性地进行改进完善,最终影响了教育问责制度的功能,削弱了教育问责的意义,教育问责的最终目标没有得以实现。

2.问责机制制度化

《中共中央办公厅、国务院办公厅关于实行党政领导干部问责的暂行规定》明确了问责的对象、内容、范围,形成了较为健全的问责制度。日后问责制度范围要由违法违规向决策失误、贯彻不力等方面转变,既涵盖政府不及时履行教育职能,又涵盖不正确履行教育职能,确保合法作为、用人得当、决策准确、严格监管、执行到位、处置得当。还需要高度重视政府教育职能履行,监督日常工作,转变以往出现问题后再进行追责的方式,防患于未然。问责制度是政治、法律制度,任何违反法定权限及程序,造成政府教育职能履行效率低下的行为,都要及时追责。履职过程中若出现不作为、乱作为、缺位、越位、错位等情况，要及时处置，避免为国家带来损失。

3.突出社会监督作用

根据社会发展规律，科学合理的问责制度能够使公民真正参与监督问责，若公民能参与监督政府教育履职情况，则是民主政治的一项进步，能够对政府权力形成有效制约。首先要结合政绩考核和问责，健全政绩评估机制，完善公民监督方式，可采取调查问卷、行政听证等手段，使公民充分参与到问责中，这一机制也是民主社会进步的标志。其次要公开透明政府教育履职信息，为保障公民充分参与，要不断拓宽公开范围，及时更新履职信息，充分公开确保公民知情。最后要保证大众媒体监督机制。大众媒体，尤其是现在发展迅速的自媒体，是信息传播的快速渠道，是公民舆论的有效载体，能够便捷传播政府教育职能履职不到位消息，进一步监督政府履职行为，规范政府教育履职问责。

三、健全政绩考核机制

政府教育职能涵盖范围广，政绩考核会涉及方方面面，需要从大局上把控教育履职内容、工作重点、工作效果、服务对象满意度，还需要考虑教育考核构建机制、主体、方式等事项，进而实现政绩考核实际价值。国务院办公厅出台的《对省级人民政府履行教育职责的评价办法》（国办发〔2017〕49号），明确了评价要以提高教育教学质量为中心，遵循依法依规、突出重点、客观公正、注重实效的原则，该办法从评价内容、评价的实施、评价结果的运用等方面进行了阐述。事实上，教育政绩考核机制要始终以人为本，满足社会利益最大化原则，看重履职流程每一细节，侧重评估政府提供教育服务能否与市场主体、社会组织的需求相一致，以市场主体、社会组织、学生满意度作为最终目标。

1.考核指标明晰化

过去履职考核过于看重高校社会效应，忽视教育公共服务指标考核，高校发展不协调。当下要尽快健全教育政绩考核指标体系，坚持以人为本理念，考核涉及高校发展、学生素质、文化建设、内涵建设等方面，提高文化教育等公共服务指标权重，最终达到各区域高校间协调发展。

2.考核方式多元化

上级考评指的是上级教育部门对下级教育部门进行考核，简单直接但效果单一。社会评估指的是公众或专家评议,公众评议是指公众对政府部门教育履职效果进行满意度评价,专家评议是指专家对政府部门教育履职目标、流程、结果进行评价。政府部门行使教育行政职权时需要征求专家、公众建议,建立完善的教育评价体系,设置合理的教育评价机制,界定清晰的教育职能范围,将社会公众满意度纳入最为重要的考核指标,进而实现政府教育职能转变。政府需要强化社会公众参与程度,使公众充分了解其职能、权力行使,进而建立科学合理的评价机制,规范评价标准,理顺评价程序,努力构建专家、公众广泛参与的系统教育评估机制。社会公众是政府服务的直接对象,可以通过对其进行调查、测验等方式征求政绩评价,以此形成上级监督、社会监督相结合的政绩考核机制,推动政府合理履行教育职能,满足公众需求。

3.考核机制制度化

当下我国政府是教育行政权行使主体,拥有法律赋予的职能,主要为公众提供更好服务,满足公众需求。目前教育政绩考核大部分以官方文件为准,教育考核方式包含评比、专项调查、大检查等方面,教育考核指标包含工作目标、工作成效、社会满意度等方面,教育考核内容仅包含日常主要工作,教育考核机制不够健全,缺乏制度化、法制化。今后需要健全教育考核、监督机制,推行政务公开,确立科学考核指标,规范考核程序,制度化、法制化政绩考核机制,从而使公众了解政府教育履职情况,能够客观评价。总之,教育政绩考核流程可以进一步规范,首先明确教育工作目标,建立教育指标体系,然后清晰界定教育考核主体,得出教育考核绩效,最后深入分析进行教育工作改进。

4.考核结果公开化

教育政绩考核是评估政府提供的服务能否满足社会需求的工具,考核的过程、结果需要社会公民参与评价,这样能够保障政府教育职能转变方向符合现代国家治理体系的要求。首先我们要引入第三方机制,公开透明考核流程,及时公布考核结果,健全相关公示制度。《政府信息公开条例》对公开透明的流程、范围、方式作出了明确规定,“行政机关公开政府信息,应当遵守公正、公平、便民的原则”,确保社会公民知情权,而广泛的监督能够客观公正地开展教育考核工作。当下我国考核、评估、监管、行政相对人举报、申请行政复议、提起行政诉讼等法制化、制度化的监督方式,能够有效监督政府教育履职情况，督促政府扎实开展教育工作，形成良好教育循环机制。

第五节　研究结论

百年大计，教育为本。党的十九大报告中对围绕“优先发展教育事业”进行了全新的战略部署，明确提出：“建设教育强国是中华民族伟大复兴的基础工程，必须把教育事业放在优先位置，深化教育改革，加快教育现代化，办好人民满意的教育。”优先发展教育，首要的一步就是重新审视政府在教育发展中的职能定位，适时转变。不断推进深层次改革，才能为教育事业发展创造条件。本文从梳理政府教育职能的历程入手，发现我国的政府教育职能经历了全能型政府、发展型政府到如今向服务型政府迈进，应该说中国的教育改革正在不断深入推进，政府自身的职能定位也越发清晰。政府作为法律授权的高等教育宏观管理者，是教育治理的经济和管理主体，更是实现国家教育宗旨的重要途径，而高校作为实施办学的主体，也是教育治理实施的实践主体，高校通过整合利用内外资源实现教学、科研、服务社会等目标，两者只有相互合作，才能不断进步。

一、天津市政府教育职能、治理与效率

政府作为法律授权的高等教育宏观管理者，是教育治理的经济和管理主体，更是实现国家教育宗旨的重要途径；高校作为实施办学的主体，也是教育治理实施的实践主体，高校通过整合利用内外资源实现教学、科研、服务社会等目标。通过对天津市政府的“管办评”到“放管服”不断推进，天津市政府与高校在学科专业设置、编制及岗位管理、进人用人环境、教师职称评聘以及内部治理等方面都进行了积极探索，有效促进了天津市高校的发展，而且通过运用 DEA 模型和 Malmquist 指数，对 2013－2017 年天津市高校投入产出的效率分析，发现 2017 年天津市 18 所高校平均综合效率 TE 为 0.967078，纯技术效率 PTE 为 0.977243，规模效率 SE 为 0.989426。2013－2017 年天津市高校投入全要素生产率指数年均增长率为

1.624555％,18所大学中仅中国民航大学年度间MI指数均大于1;技术效率变化EC指数为1.0025319,年增长率为0.25319％;纯技术变化TC指数的年均值为1.01470725,年增长率为1.470725％,这意味着技术有小幅上升的趋势。整体而言,天津市政府在高校综合管理和治理方面成效较为显著。

二、改革行政审批

政府教育职能转变到位的其中一环是行政审批制度的改革,政府需要逐渐退出各市场主体、社会组织治理领域,减少干预。

1.简政放权

很多国家的政府或多或少存在滥用行政审批权、职能越位、缺乏监督等问题,现在教育职能改革方向是简政放权,将行政审批法律化、制度化,规范、透明审批程序,审批权限不超过各市场主体、社会组织正常管理范围,最终将能否提供优质服务、维护高校发展环境作为改革考核指标,量化推行改革工作。首先政府要简政放权、依法监管,各市场主体、社会组织要独立办学、自律管理,逐渐形成社会自治制度。各市场主体、社会组织还要主动承担社会责任,发挥自身组织力量与管理职能,提供高质量、专业化教育服务,满足学生需求。比如实行由政府牵头的社会组织全程领办的服务机制,这样政府能够从宏观角度进行管理,创新了服务模式,做到了精简高效,提高了政府办事效率,转变了政府教育教育职能。

2.公开审批程序

我国社会转型时期,存在着非行政许可审批情况,本质上是政府教育职能越位,这是临时过渡性手段,未来可以通过立法方式调整非行政许可审批范围,依据全国人大常委会法律界定,调整非行政许可审批事项的对象。另一方面,要按照法律法规制定行政审批程序,清晰界定和非行政许可审批关系,明确规定教育行政审批主要是为了防止市场失灵带来的各项问题,维护学生权益。随着高等教育事业的发展,天津市教委履行的行政审批权限也会有相应所变化,政府需要进行及时调整并公开。

3.完善服务体系

当下我国教育行政审批体系不健全,缺少工作环节中的理论支持,还亟待完善法律环境，明确各主体法律关系及法律责任。首先，关键要成立行政审批改革机构，集中力量解决审批改革问题，最终达到规划与决策目标一致。然后，邀请权威性专家进行科学评估，研判其合理合法性，探究教育审批项目的成本效益。针对专业性较强项目，邀请专家对其审查、提供咨询，保证工作中立专业。

4. 加大监督力度

合理高效调配行政审批权，要区分开审批权、检查处罚权，加大教育权力运行的监督力度，确保运行高效透明。天津市人力和社会保障局早在2012年就启用了人才引进"一站式"服务中心，高校作为人才高地，是否可以在教委设置一站式服务中心，相对集中行使审批权，提高服务效率。审批后续管理，政府部门也可以采取集中行使检查处罚权，提高监管力度。这样区分开行政审批权和监管权，能够强化对市场主体、社会组织的监督力度，从而进一步将政府教育职能调整至监管服务上面，创新政府监管职能，强化监督力度。

三、天津市政府高校治理影响因素及对策

当然，在研究中我们也发现影响天津市高校治理的因素分为三类，一类是主导因素，即现代国家治理目标；一类是推动因素，包括市场经济的发展与完善、社会组织的萌芽与壮大、信息技术的发展与普及；一类是阻碍因素，包括法律体系不健全、政府服务意识淡薄、问责制度不规范、政绩考核制度不健全。针对这些问题，本文从明晰政府定位、改革行政审批、完善问责机制、健全考核机制等方面提出了意见和建议。

参考文献

[1]马生坤,陈莉,柴兴转.治理理论视角下企业档案共建共享模式探析[J].山西档案,2021(6):144—150.

[2]严小丽.应急联动:一个基于整体性治理理论的基本框架[J].信阳师范学院学报(哲学社会科学版),2022,42(1):43—48.

[3]王中华,杨行治.国家治理现代化视域下的"国家制度—治理理论"关系研究[J].黑龙江省社会主义学院学报,2021(4):58—64.

[4]陆黎."新公共治理"之词话语的历史变迁——兼论新公共治理研究的现状和未来[J].宁德师范学院学报(哲学社会科学版),2021(4):34—41.

[5]刘新刚.新时代国家治理理论创新的方法论[J].国家治理,2021(47):8—12.

[6]柳亦博.治理理论的"视差":术道分离与术道合一[J].探索与争鸣,2021(11):167—176+180.

[7]李明磊.公共治理理论视野的高等教育管办评分离模型与框架[J].中国高教研究,2021(11):49—56.

[8]孙金超.治理理论视域下高等院校教学管理策略探析[J].哈尔滨职业技术学院学报,2021(5):125—127.

[9]袁卫,袁礼.治理理论视角下国家教育考试管理法治化探析[J].教育与考试,2021(4):11—17.

[10]杨眉,禹华意.基于治理理论创新独立学院管理机制[J].创新创业理论研究与实践,2021,4(11):165—166+169.

[11]蒲罗斌,李明霞.基于公共治理理论下的城市盲道治理研究[J].法制与社会,2021(4):145—146.

[12]王连伟,夏文强.新公共治理理论的形成、演进及进路探析[J].北方论丛,2021(1):88—96.

[13]谢卫朋.公共治理理论背景下高校学生管理工作的创新探究[J].农家参谋,2020(22):241—242.

[14]陈果.浅析公共治理理论视角下的洞庭湖环境治理[J].农村实用技术,2020(2):180—182.

[15]吕志,沈晓萌.推进政府职能转变、建设服务型政府的对策研究[J].决策探索(中),2021(12):11—12.

[16]罗敏,张佳林,陈辉.政府职能转变与政府建设的三维路向[J].社会科学家,2021(5):145—149.

[17]颜德如,李过."转变政府职能":基于党和政府重要文献的概念史考察[J].社会科学,2021(6):30—42.

[18]罗尧成."管办评分离"视域下高校评估中的政府职能[J].职教发展研究,2019(1):42—46.

[19]彭黎明.试析政府职能转变下高校行政管理专业人才培养的思考[J].知识经济,2019(7):124—125.

[20]鲁明昆.高等教育公共治理中的政府职能优化研究[D].长春工业大学,2020.

[21]陈慧慧.提升高校竞争力的政府职能定位研究[D].南京航空航天大学,2018.

[22]沈杕.政府职能转变下的高校行政管理人才培养探索[J].产业与科技论坛,2017,16(20):238—239.

[23]程镝,徐凤玉.政府职能转变下高校行政管理专业人才培养的思考[J].黑龙江高教研究,2016(2):146—148.

[24]蒋洁.江苏省大学毕业生就业工作中的政府职能研究[D].南京师范大学,2015.

[25]李凤娟.浅析民办高校中政府职能的履行[J].中小企业管理与科技(中旬刊),2015(8):207.

[26]王带宁,周定财.社会运行视域下地方政府职能转变探析——以治道变革理论为依托[J].厦门特区党校学报,2021(2):54—58.

[27]郭家宁.民办高校发展中地方政府职能作用研究[D].辽宁师范大学,2021.

[28]金洁.市场经济体制对地方政府职能转变的影响机理研究[D].浙江大学,2019.

[29]王韬.共享经济发展目标下地方政府职能转变研究[D].福建师范大学,2019.

[30]张睿琦.高校毕业生就业中的地方政府职能研究[D].云南大学,2019.

[31]姜妙儿.高职院校校企合作中地方政府职能创新研究[D].南昌大学,2019.

[32]党睿涛.大数据时代下我国地方政府职能优化研究[D].西安建筑科技大学,2018.

[33]刘金存.地方政府职能与“政校合作”动力机制创新[J].江苏教育学院学报(社会科学),2012,28(2):104—106.

[34]高婷婷.民生视角下地方政府职能转型与定位[D].华东交通大学,2010.

[35]马卉.区域创新系统中地方政府职能问题研究[D].西南交通大学,2005.

[36]吴宛航.“放管服”引领下的政府高等教育管理职能转变路径研究[D].吉林财经大学,2019.

[37]陈主德.我国高校招生制度中政府职能研究[D].辽宁师范大学,2014.

[38]董凌波,冯增俊.论政府在高校自主招生改革中的职能转变——新公共管理的视角[J].高教探索,2013(3):83—87.

[39]万世超.我国高校招生制度改革中的政府职能研究[D].西北大学,2011.

[40]潘加军,鞠连和.政府职能转变的新突破—高校管办分离的“去行政化”改革[J].长白学刊,2011(2):57—60.

[41]徐梦颖.试论政府职能转变与民办高等教育的和谐发展[J].大视野,2008

(7):205.

[42]朱现平.政府职能转变对高校办学体制、运行机制创新的促进[J].江汉大学学报,2005(2):53—58.

[43]赵大宇,李铁君,迟艳杰,等.政府职能转变与高校办学自主权相互关系的理论研究和比较研究[J].辽宁教育研究,2004(11):12—16.

[44]邢方敏,文民刚,佟矿.高校管理自主权改革之政府管理权限演变的国际经验[J].教育现代化,2018,5(16):229—231.

[45]张黎宇.新公共管理理论视阈下政府对高校监管与对策研究[D].辽宁师范大学,2018.

[46]赵玉娴.高校管理去行政化过程中的政府角色[J].黑河学院学报,2017,8(4):81—82.

[47]尹珊珊,谭正航.政府对高校管理去行政化改革的法律路径探析[J].教育理论与实践,2015,35(36):3—5.

[48]余泊鸿.当代中国政府对公立高校的管理研究[D].云南师范大学,2015.

[49]杜学涛.政府管理公立高校界限的法律研究[D].首都经济贸易大学,2015.

[50]薛孟开.论政府在高校开放性管理中的角色重塑[J].中国电力教育,2014(9):6—7+9.

[51]韩继伟.高校教育管理体制中的政府角色问题研究[D].吉林大学,2011.

[52]董全亮.服务型政府理论对高校管理的借鉴意义[J].世纪桥,2009(7):93+119.

[53]李艳.基于新公共管理理论视角看高校管理中的政府职能[J].山东科技大学学报(社会科学版),2008,10(6):90—93.

[54]周玲.从治理视角看政府在高校管理中的角色定位[J].科技信息(学术研究),2007(12):219—220.

[55]郭剑波,郑红午.政府管理模式与高校管理体制改革浅议[J].教育理论与实践,2005(12):19—20.

[56]王渊.浅谈高校学生管理工作中开展学生自主管理的途径[J].山西青年,2021(22):59—60.

[57]郭静文.论高校学生管理工作中学生自主管理意识的培养对策[J].国际公关,2021(8):118—120.

[58]关勇.论高校学生管理工作中学生自主管理意识的培养对策[J].内蒙古煤炭经济,2020(12):201—202.

[59]马艳红.民办高校大学生自主管理创新研究[J].知识经济,2020(13):146—147.

[60]刘利君.高校学生管理工作中如何培养学生自主管理能力[J].学周刊,2019(34):6.

[61]吕利珊.高校学生社团实现自主管理的模式及机制研究[J].内蒙古财经大学学报,2019,17(3):81—84.

[62]姚春秀.民办高校大学生自主管理与心理成熟度提升研究[D].广西大学,2019.

[63]梁国一.高校学生管理中学生自主管理能力培养方案探究[J].当代旅游(高尔夫旅行),2018(12):115.

[64]杜一鸣,张元.自主管理模式下高校宿舍文化建设的实践研究[J].太原城市职业技术学院学报,2017(8):190—191.

[65]周波.高校学生自主管理探析[J].新西部(理论版),2017(19):120+134.

[66]钱雯.如何实现高校学生的自主管理[J].当代教育实践与教学研究,2016(12):88—89.

[67]卜永安.高校自主管理与行政化问题研究[J].湖南城市学院学报(自然科学版),2016,25(4):158—159.

[68]刘春蕾,吴学敏.自主管理视域下民办高校班集体建设现状及对策研究[J].湖北函授大学学报,2015,28(18):46—47.

[69]赵猛.自主管理在我国高校学生管理中的应用探析[J].品牌,2015(3):248.

[70]华炜.高校教育管理创新举措探讨[J].江苏高教,2017(6):34—36.

[71]闵麓源.政府在高校自主招生中的管理职能研究[J].长江丛刊,2017(3):181.

[72]左珊.我国民办高校发展中的政府角色定位研究[D].西北大学,2015.

[73]石小娟,高骏敬.基于新公共管理理论对高校管理改革的探讨[J].太原城市职业技术学院学报,2014(4):101—103.

[74]焦振振.治理理论视角下政府对高等院校管理的探讨[D].东北大学,2011.

[75]马廷奇,孙娜.高校教学质量管理与政府职能创新[J].国家教育行政学院学报,2011(2):62—66.

[76]刘燕.公共治理视野下的民办高校管理[D].南昌大学,2010.

[77]管弦.美国州政府对公私立高校管理职能的比较[J].纺织教育,2006(5):67—69.

[78]王敏.政府职能与高等教育管理体制的调整[J].云南财贸学院学报,2004(S1):64—65.

[79]张明明.管办评分离背景下政府高等教育管理职能优化研究[D].郑州大学,2019.

[80]杨雪.民办高校发展中政府服务研究[D].云南大学,2018.

[81]张朝玉,王凤飞.大学治理现代化进程中的政府职能研究[J].中共石家庄市委党校学报,2016,18(3):34—37.

[82]刘凤梅.高校教育治理现代化过程中的政府能力陷阱及其"元治理"职能实现路径[J].高等农业教育,2015(11):7—11.

[83]申圆圆.管办评分离—政府治理高校的根本路径[D].延安大学,2015.

[84]李建军.从建立高校法人治理结构的维度论深化政府职能改革[J].广东行政学院学报,2015,27(2):40—45.

[85]刘耀中.我国政府的高等教育评估职能研究[D].中南民族大学,2013.

[86]张圣祺.治理理论视域下我国政府与大学关系研究[D].吉林大学,2012.

[87]胡俊玲.高等教育治理中政府、社会和高校关系转变与实现途径研究[D].东北大学,2012.

[88]万文平.美国高等教育公共治理中政府职能研究[D].东北大学,2011.

[89]李望国,刘曼琴.政府职能与民办高校发展研究[J].高教探索,2011(1):112—116.

[90]俞可平.治理与善治[M].北京:社会科学文献出版社,2000.

[91]康晓光,韩恒.分类控制:当前中国大陆国家与社会关系研究[J].社会学研究,2005(6):73－89＋243－244.

[92]王诗宗.治理理论及其中国适用性:基于公共行政学的视角[D].浙江大学博士学位论文,2009:38－39.

[93]刘佳."管办评"分离的构建与协同机制研究[J].中国教育学刊,2015(9):47－50.

[94]袁益民."管办评分离"改革与教育质量保障[J].高教发展与评估,2016(1):8－20.

[95]孙燕等."管办评分离":大学走向善治的契机[J].大学教育科学,2015(5):13－17.

[96]高兵等.管办评分离的本质探析与实现路径[J].教育评论,2015(3):7－9.

[97]周海涛.高等教育"管办评分离"的缘由与路径[J].国家教育行政学院学报,2014(3):3－7.

[98]傅毓维,邵争艳.影响区域高等教育资源优化配置的复合DEA分析[J].科学学与科学技术管理,2004(11):94－97.

[99]王亚雄,王红悦,李洋波.高校教育资源配置效率的实证分析[J].财经理论与实践,2007(2):115－118.

[100]鲁雁飞.中国高等教育规模经济效益评估—基于DEA模型的分析[J].求索,2008(05):156－157.

[101]陈通,白建英.西部地区高等教育投入产出相对有效性的评价研究[J].西北农林科技大学学报(社会科学版),2003,3(2):102－105.

[102]任保奎,关冠军.北京与部分省市高等教育投入一产出效率比较研究[J].北京工业大学学报(社会科学版),2008(1):81－84.

[103]毛盛勇,喻晓琛.中国高等教育效率的省际比较——基于DEA的分析[J].调研世界,2011(5):31－35.

[104]孙希波,邢爱国.国外高等教育发展战略及对中国的启示[J].学术交流,2006(5):187－189.

[105]袁贵仁.深化教育领域综合改革 加快推进教育治理体系和治理能力现代化[N].中国教育报.2014(001)

[106]唐景莉.政府管大事 高校办特色[N].中国教育报.2014(009).

[107]朱光磊.当代中国政府过程(第3版)[M].天津:天津人民出版社,2008.

[108]刘厚金.我国政府转型中的公共服务[M].北京:中央编译出版社,2008.

[109][美]珍尼特.V.登哈特,罗伯特.B.登哈特.新公共服务:服务而不是掌舵[M].中国人民大学出版社,2004.

[110]竹立家.社会转型与国家治理现代化[J].科学社会主义,2014(1).

[111]刘翔.中国服务型政府构建研究—基于社会治理结构变迁的视角[D].复旦大学博士学位论文,2010.

[112]褚宏启.政府与学校的关系重构[J].教育科学研究,2005(1):42—46.

[113]孟华,王永坚.政府教育管理职能转变的绩效评估指标体系建构[J].上海教育科研,2013(2):15—19.

[114]毛克平.协调我国地方政府与高校关系的对策性思考[J].中国行政管理,2007(8):83—85.

[115]刘雪,冯大鸣.日本、韩国教育行政职能的新变他及其启示[J].国家教育行政学院学报,2006(11):84—87.

[116]王建莲.论我国政府教育管理职能的转变[J].求索,2010(11):193—194.

[117]胡伶.公共治理范式下的地方教育行政职能转变研究[D].华东师范大学,2010.

[118]褚宏启.教育公平与教育效率:教育改革与发展的双重目标[J].教育研究,2008(6):8—14.

[119]李恒,胡小梅,王小绪.公共治理视角下高等教育政府管理职能转移与承接路径研究[J].江苏师范大学学报(哲学社会科学版),2015(6).

[120]陶媛.网络化治理视野下地方政府教育职能转变研究[D].华东师范大学,2015.

[121]刘广超."互联网+"背景下基础教育管办评的协同治理研究[D].南宁师范大学,2019.

[122]李嫣.基于“管办评”分离的高等教育协同治理研究[D].长春工业大学,2019.

[123]龚成.管办评分离与高校办学自主权的落实[J].江苏高教,2018(10):58—62.

[124]张志军.现代职业学校制度建设现状实证分析——以四川省30所职业学校调查数据为样本[J].职业技术教育,2017,38(14):8—12.

[125]金一翔.成为校长的那些人—中小学校长队伍建设的调查[J].上海教育科研,2017(2):33—38.

[126]程斯辉,江俊伟.民国时期高等教育“管办评”问题的考察分析[J].高等教育研究,2016,37(11):85—91.

[127]刘想元.“管办评分离”改革的意义与关系重构[J].教学与管理,2016(18):29—31.

[128]吴仁华.建立促进应用技术类高校发展的管办评分离机制的思考[J].教育评论,2014(8):3—7.

[129]刘阳,尹奎杰.公共治理视域下的高教管理改革路径研究[J].吉首大学学报(社会科学版),2018,39(S2):257—258.

[130]刘敏,蓝文永.基于公共治理视角的高校科研经费监管体系探讨[J].会计之友,2018(12):128—130.

[131]张建岗.地方工科院校现代大学治理的转型向度—以公共治理理论为视角的分析[J].宏观经济管理,2017(S1):263—264.

[132]陈思蒙.公共治理理论对高等教育管理改革的推动[J].江苏高教,2017(7):33—35.

[133]王德林.积极推进公共治理的高等教育评估制度[J].中国高等教育,2016(23):55—57.

[134]靳晓光,巩丽霞.民办高校内部治理模式探究[J].现代教育管理,2016(4):36—41.

[135]郑会娟,王向东.公共治理视域下高等教育管理改革路径探析[J].中国成人教育,2016(3):41—43.

[136]王海桥.公共治理视角下的民办高校管理模式探索[J].贵州社会科学,2015(12):121—124.

[137]项春媛,王瑞敏.论公共治理视野下的专利转化策略—基于浙江省高校数据分析[J].浙江社会科学,2015(11):140—144+160—161.

[138]胡莉芳,黄海军.教育治理视域下的政府与大学新型关系构建[J].复旦教育论坛,2015,13(5):5—10.

[139]巩丽霞.论高校办学自主权的落实—以民办高校为例[J].高教发展与评估,2014,30(6):35—42.

[140]尤伟.我国高等教育中介组织的公共治理[J].现代教育管理,2014(11):36—40.

[141]谢红雨.从《规划纲要》看我国政府与大学关系的新突破[J].山西师大学报(社会科学版),2013,40(S1):123—125.

[142]姚叶.国外大学章程理念的公共治理取向[J].高教探索,2011(5):48—51.

[143]孙孝文.治理环境下高等教育政策主体责任界定[J].江苏高教,2009(5):48—50+63.

[144]李士宝.论高校法人治理制度与公共治理制度的完善[J].探索,2008(4):129—131.

[145]杨菊仙,廖湘阳.基于公共治理的高等教育评估研究[J].高教探索,2008(4):32—35.

[146]石玉玲.公共治理视野下高等教育系统中的社会交换[J].辽宁教育研究,2007(4):9—12.